Christian Humor Touch
웃음을 펴뜨리는 자는 복이 있나니

박영만 엮음

프리윌출판사

웃음을 퍼뜨리는 자는 복이 있나니

초판1쇄 인쇄 2013년 07월 05일
초판1쇄 발행 2013년 07월 10일

엮은이 / 박영만

펴낸곳 : 프리윌출판사
기 획 : 드림북코리아 글로벌사업팀
번 역 : (주)GLC　앱제작 : (주)나인드림스
표지 및 본문 디자인 : 김경진

출력 : 오크프린팅　　인쇄 : 광문인쇄　　제책 : 은정제책

등록번호 | 제2005-31호 등록년월일 | 2005년 05월 06일
주소 : 경기도 고양시 일산서구 대화동 2273-1번지 3층
전화 : 031-813-8303　　팩스 : 031-922-8303
담당자 e-mail : yangpa6@hanmail.net

값 : 12,800원
ISBN : 978-89-93379-31-0 03800
ⓒ프리윌출판사 2013

※ 이 책의 저작권은 프리윌출판사가 소유합니다. 신 저작권법에 의하여 보호를 받는 저작물이므로 무단전재와 무단복제를 금합니다.

※ 이 책은 〈크리스천 유머〉와 〈유머 복음〉의 합본, 개정, 증보판입니다.

국립중앙도서관 출판시도서목록(CIP)

```
웃음을 퍼뜨리는 자는 복이 있나니 / 엮은이: 박영만. --
고양 : 프리윌출판사, 2013
    p. ;   cm

ISBN  978-89-93379-31-0  03800 : ₩12800

유머 [humour]

817-KDC5
895.775-DDC21                       CIP2013009201
```

prologue

유머복음 1장

1. 웃음을 퍼뜨리는 자에게는 복이 있나니 너희가 세상을 웃게 하면 세상도 너희를 웃게 할 것임이요, 너희가 세상을 사랑하면 세상도 너희를 사랑할 것임이라.

2. 그러므로 너희가 유머 안에 거하면 웃음과 함께 은혜를 받고 기뻐할지니, 기쁨이 너희를 행복하게 하리라. 이제 너희는 부유한 자나 가난한 자나, 지위 있는 자나 지위 없는 자나, 배운 자나 못 배운 자나 다 웃음 안에서 하나이니라. 너희가 유머를 읽고 큰 소리로 웃으면 이는 곧 행복의 자손이요, 약속대로 기쁨을 누릴 자니라.

3. 대저 찡그림을 따르는 자는 우울한 일을, 웃음을 따르는 자는 즐거운 일을 생각하나니, 찡그림의 생각은 우울함이요, 웃음의 생각은 기쁨이니라. 웃음이 온 후로는 우리가 찡그림 아래에 있지 아니하도다. 우리가 다 유머로 말미암아 웃음 안에서 희락의 자녀가 되었으니, 누구든지 찡그림을 없애기 위해 유머를 읽는 자는 이미 웃음으로 구원을 받았느니라.

※ notice : 성경의 많은 부분이 역설적 표현과 비유법으로 되어 있는 것과 마찬가지로, 이 책의 유머도 그러하기 때문에 다양한 해석과 상상이 가능하다. 그래서 관점에 따라 어떤 유머는 오해를 살 수도 있고, 거부감을 느낄 수도 있다. 하지만 독자 여러분들의 높은 영적 수준이 이러한 것들을 충분히 수용하고 소화해 낼 수 낼 수 있으리라 믿는다.

-엮은이 박 영 만-

c o n t e n t s

CHAPTER1 사랑

1. 남자의 굴레	12
2. 여자의 굴레	14
3. 하나님의 의도	15
4. 실낙원	17
5. 아내의 제안	18
6. 나뭇잎	19
7. 남자를 먼저 만든 이유	20
8. 씨 없는 수박	21
9. 니가 와?	23
10. 사랑이란 이름의 약	24
11. 혼비백산	27
12. 노인과 사탄	28
13. 공지사항	30
14. 불평	31
15. 설교를 잘 하게 된 이유	32
16. 해법	34
17. 아가씨와 배꼽티	35
18. 사탄의 유혹	37
19. 며느리전서 13장	39
20. 떨고 있는 사연	41
21. 아내의 불만 1	43

22. 아내의 불만 2 ---- 45
23. 목사님의 평가 ---- 46
24. 아이고 하나님! ---- 48
25. 이상한 싸움 ---- 51
26. 아내의 질문 ---- 53
27. 지혜 없는 자 같이 하지 말며 ---- 55
28. 남편의 사랑 ---- 57
29. 모든 것엔 등급이 있다 ---- 59
30. 원초적 질투 ---- 61
31. 늑대 먹이 ---- 63
32. 마음에 들은 비결 ---- 65
33. 천국에 들어가려면 ---- 67
34. 금욕주의자 ---- 70
35. 최초의 십일조 반항 사건 ---- 72
36. 달라진 세계관 ---- 74
37. 용서할 수 있는 남편 ---- 75
38. 저작권 ---- 77
39. 출신 학과별 사랑고백 ---- 79
40. 부전자전 ---- 81
41. 집안 이야기 ---- 83
42. 그날 이후 ---- 85
43. 아가씨와 거울 ---- 86
44. 과거형과 현재형 ---- 87
45. 아내의 처방 ---- 88
46. 아담과 하와의 복수 ---- 89
47. 인구 문제 ---- 91

48. 자선	93
49. 사랑자동판매기 사용설명서	95
50. 돈 나무	97
51. 이빨 교정	99
52. 어떤 삼각관계	101
53. 왼팔 오른팔	103
54. 공범	104
55. 한나의 대답	105
56. 경고문 댓글	107
57. 요한이의 대답	109

CHAPTER2 은혜

01. 아이의 선택	112
02. 작정	114
03. 하나님의 소재	116
04. 거짓말	118
05. 선생님과 벌	119
06. 여리고성	121
07. 10분과 20분	124
08. 이름이 두 개	126
09. 맹랑한 아들	127
10. 엄마 호떡의 처방	129
11. 인간의 수명과 생활	131
12. 교회를 가야만 하는 이유	134

13. 범인 ──── 136
14. 목사님의 재치 ──── 138
15. 참새와 성도 ──── 140
16. 관계 ──── 143
17. 농부와 돼지 ──── 145
18. 하나님의 군사 ──── 146
19. 욕망 절제 ──── 148
20. 골프와 주일예배 ──── 150
21. 엉뚱한 열차 ──── 152
22. 당연한 짓 ──── 154
23. 오, 하나님! ──── 156
24. 아주 높은 분 ──── 158
25. 지구 최후의 날 ──── 160
26. 아무것도 아닌 사람들 ──── 162
27. 전기 요금 ──── 164
28. 삶의 방식 ──── 166
29. 헌금 ──── 168
30. 하나님의 시간 ──── 169
31. 생각의 방향 ──── 171
32. 독려 ──── 173
33. 대출 부탁 ──── 175
34. 거지와 목사님 ──── 177
35. 친구의 가게 ──── 178
36. 동업 ──── 179
37. 지혜 있는 자같이 할지니 ──── 181
38. 지혜 있는 사람 ──── 183

39. 커피를 젓는 방법	185
40. 지독한 게으름뱅이	187
41. 에스키모인의 생활	189
42. 하나님의 감시	190
43. 마지막 결투	191
44. 천국 가는 길	193
45. 천국 입국 시험	195
46. 섬김	197
47. 베드로의 실수	199
48. 억울한 베드로	201
49. 지옥의 땅값	203
50. 베드로의 명령	205
51. 베드로의 판결	207

CHAPTER3 기도

01. 사내의 맹세	214
02. 집 판 돈	216
03. 어떤 남자의 기도	218
04. 어떤 중년 남자의 기도	219
05. 노처녀의 기도	220
06. 남자의 소원	222
07. 여자의 소원	224
08. 하나님과의 관계	226
09. 할아버지의 기도	227

10. 손자의 기도 —————————————— 228
11. 안식일 ———————————————— 229
12. 식사기도 ——————————————— 230
13. 아들의 공로 —————————————— 231
14. 꼬마들의 기도 ————————————— 233
15. 어느 남자의 십일조 ———————————— 235
16. 어느 명퇴자의 기도 ———————————— 236
17. 어떤 고백 ——————————————— 237
18. 아버지의 한마디 ————————————— 239
19. 농부와 불량배 ————————————— 241
20. 농사와 기도 —————————————— 242
21. 황소를 위한 기도 ————————————— 243
22. 성격 유형별 기도 ————————————— 244
23. 죄와 병 ———————————————— 246
24. 기도의 반전 —————————————— 247
25. Thanks Giving! ————————————— 249
26. 아멘의 위력 —————————————— 251
27. 외박한 벌레 —————————————— 253
28. 하나님의 응답 ————————————— 254
29. 마지막 번호 —————————————— 256
30. 장난감 총 ——————————————— 258
31. 내가 만약 글을 알았다면 —————————— 258
32. 나무꾼 할아버지의 간청 —————————— 261
33. 아버지의 답장 ————————————— 263
34. 새벽기도 ——————————————— 265
35. 부자의 헛수고 ————————————— 267

36. 칭찬의 이유 --------------------------- 269
37. 술꾼과 촛불 --------------------------- 270
38. 응답의 결과 --------------------------- 271
39. 기적 ------------------------------- 273
40. 신문 기사 ---------------------------- 275
41. 참새와 포수 --------------------------- 276
42. 황당해진 고양이 ------------------------ 277
43. 앵무새 1 ----------------------------- 279
44. 앵무새 2 ----------------------------- 281

CHAPTER4 감사

01. 감사기도 ---------------------------- 284
02. 잡초 ------------------------------- 286
03. 농부와 목사님 ------------------------- 287
04. 금주 맹세 ---------------------------- 289
05. 아저씨의 걱정 ------------------------- 290
06. 스님의 개종 --------------------------- 291
07. 낙하 훈련 ---------------------------- 292
08. 감사한 이유 --------------------------- 294
09. 대단하신 하나님 ------------------------ 296
10. 예수님 제자들의 무인도 생존법 ------------- 298
11. 할아버지의 정체 ------------------------ 300
12. 죄 없는 자 ---------------------------- 302
13. 채점 ------------------------------- 303

14. 용돈과 헌금 ──────── 304
15. 조는 이유 ──────── 305
16. 하나님의 방법 ──────── 306
17. 인간의 도전 ──────── 308
18. 광야에 홀로 서서 ──────── 310
19. 자살자의 목적 ──────── 312
20. 세 가지의 댓글 ──────── 314
21. 여성운전자와 택시기사 ──────── 317
22. 남자의 젖꼭지 ──────── 318
23. 증상 치료 ──────── 319
24. 두 명의 낚시꾼 ──────── 321
25. 하나님께서 보시면 ──────── 323
26. 할머니들의 자랑 ──────── 325
27. 할머니의 흡연 ──────── 327
28. 동물들의 풋볼 경기 ──────── 328
29. 겁 없는 토끼 ──────── 330

CHAPTER5 믿음

01. 직통전화 ──────── 334
02. 존재와 현상 ──────── 335
03. 어린아이의 지적 ──────── 336
04. 믿음과 의심 ──────── 338
05. 믿음 좋은 아가씨 ──────── 339
06. 동승자 ──────── 340

07. 아내의 믿음	341
08. 홍해의 기적	342
09. 사탄의 작전	344
10. 죽은 자의 죽은 믿음	346
11. 성도 유형 22가지	348
12. 테스트	351
13. 거짓말 테스트	352
14. 강도와 아가씨	353
15. 무서운 마누라	354
16. 걸려 넘어지지 않는 할머니	356
17. 어린 딸의 의문	358
18. 황당한 질문	359
19. 다시 쓰는 출애굽기	360
20. 청년의 KO 패	361
21. 무식론자	363
22. 왕복표	365
23. 경계	366
24. 기적	367
25. 천국을 아는 이유	368
26. 신령과 진정으로	369
27. 물위를 걸은 이유	371
28. 박쥐 퇴치법	372
29. 아름다운 교회	374
30. 절대 안 되는 이유	376
31. 이적 (移籍)	378
32. 무당의 궤변	380

Christian Humor Touch
There will be a blessing to those who spread laughter!

chapter 1 사랑 *Love*

심은 대로의 계보

순종은 순종을 낳고 불순종은 불순종을 낳고 섬김은 섬김을 낳고 반항은 반항을 낳고 Yes는 Yes를 낳고 No는 No를 낳고 미움은 미움을 낳고 사랑은 사랑을 낳으니, 이는 자업자득의 자손 '심은 대로의 계보'니라.

1. 남자의 굴레

어느 날, 아담이 밤늦게까지 밖에서 놀다가 새벽 1시가 되어서야 집에 돌아왔다. 그러자 이브가 매우 화가 나서 소리쳤다.
"당신 지금 몇 시인 줄 알아요? 당신 다른 여자가 생긴 거죠?"
아담은 기가차서 말이 안 나왔지만, 그래도 싸우기 싫어서 점잖게 대답했다.
"그게 무슨 소리야? 이 세상에 여자라고는 당신뿐이잖아!"

그러나 이브의 의심은 끝이 없었고, 언쟁은 잠이 들 때까지 계속되었다.

그러다가 깜빡 잠이 들어 얼마를 잤는지… 아담은 누군가 옆구리를 콕콕 찌르는 바람에 잠에서 깨었다. 이브였다.

"당신 뭐하는 거야, 자지 않고?…"

그러자 이브가 신경질적으로 대답했다.

"말 시키지 말아욧. 지금 갈비뼈 숫자 세고 있는 중이니까!"

…내가 천국 열쇠를 네게 주리니 네가 땅에서 무엇이든지 매면 하늘에서도 매일 것이요, 네가 땅에서 무엇이든지 풀면 하늘에서도 풀리리라 하시고. 〈마 16:19〉

2. 여자의 굴레

아담이 하나님께 자신에게도 창조의 능력을 부여해 달라고 매일 졸랐다. 틈만 나면 조르자 하나님은 마지못해 아담에게도 창조의 능력을 부여해 주었다. 그러자 아담은 이브 몰래 자신의 갈비뼈로 여자를 만들어 바람을 피우다가 그 사실을 이브에게 들켰다. 이브가 이 사실을 하나님께 일러바쳐 아담은 하나님께 심하게 야단을 맞았다. 그러자 몹시 기분이 상한 아담이 이브에게 눈을 부라리며 이렇게 말했다.

😊 "어디 두고 보자. 아직 갈비뼈는 얼마든지 있으니까!"

> …네 샘으로 복되게 하라. 네가 젊어서 취한 아내를 즐거워하라 …악인은 자기 악에 걸리며 …훈계를 받지 아니함을 인하여 죽겠고, 미련함이 많음을 인하여 혼미하게 되느니라. 〈잠 6:18~23〉

3. 하나님의 의도

하나님과 아담이 에덴동산을 거닐며 대화를 나누었다. 아담이 하나님께 여쭈었다.
"하나님, 이브는 정말 예뻐요. 그런데 왜 그렇게 예쁘게 만드셨어요?"
"그래야 네가 늘 그 애만 바라보지 않겠니?"
그러자 아담이 다시 하나님께 여쭈었다.
"이브의 피부는 정말로 부드러워요. 왜 그렇게 만드신 거죠?"

"그래야 네가 늘 그 애를 쓰다듬어주지 않겠니?"
"그럼 하나님, 이브는 좀 멍청한 것 같은데 왜 그렇게 만드셨어요?"

"바보야, 그래야 그 애가 널 좋아할 거 아니냐?"

…하나님이시여 주의 인자하심이 어찌 그리 보배로우신지요? 인생이 주의 날개 그늘 아래 피하나이다. 〈시 36:7〉

4. 실낙원

하나님께서 너무나 외로워 보이는 아담을 위해 여자를 만들어주려고 그의 갈비뼈를 취하려다가 갑자기 손길을 멈추었다. 하나님은 잠든 아담을 측은하게 바라보면서 이렇게 말씀하셨다.

"쯧쯧쯧… 푹 자거라. 아마도 오늘이 네가 푹 잘 수 있는 마지막 날이 될 것 이니라."

> …사람마다 먹고 마시는 것과, 수고함으로 낙을 누리는 것이 하나님의 선물인 줄을 또한 알았도다. 〈전 3:13〉

5. 아내의 제안

아내와 함께 미술관을 둘러보던 남편이 나뭇잎 한 장만으로 몸을 가린 이브 그림 앞에서 발걸음을 멈추고, 넋이 나간 채 오랫동안 그것을 들여다봤다. 그러자 아내가 남편한테 부드럽게 말했다.

😊 "여보, 지금은 여름이에요. 가을에 다시 한 번 오자구요!"

> …지혜자의 입의 말은 은혜로우나, 우매자의 입술은 자기를 삼키나니. 〈전 10:12〉

6. 나뭇잎

에덴동산에 아담과 이브가 단 둘이 살고 있었다.
그러던 어느 날, 아침에 아담이 잠자리에서 일어나 팬티를 찾았으나 보이질 않았다. 노팬티 차림으로 밥상을 받은 아담이 이브에게 크게 화를 내며 말했다.
"뭐야?… 또 내 팬티로 샐러드를 만들었잖아!"
그러자 이브가 나무라듯 대답했다.

☺ "당신 왜 자꾸 그래요? 지천에 깔린 게 팬틴데…"

…자기들의 몸이 벗은 줄을 알고, 무화과나무 잎을 엮어 치마를 하였더라.〈창 3:7〉

7. 남자를 먼저 만든 이유

주일예배를 마치고 집으로 돌아오는 길에 차안에서 아내가 남편에게 물었다.
"여보, 하나님은 왜 남자를 먼저 만들고 그 다음에 여자를 만들었을까요?"
그러자 남편이 정색을 하며 이렇게 대답했다.

🙂 "그거야 당연하지. 하나님이 여자를 먼저 만들었어봐. 남자 만드는 것을 옆에서 지켜보면서 가슴은 넓게 해 달라, 허벅지는 굵게 해 달라, 힘은 세게 해 달라 등등 하나님을 얼마나 귀찮게 했겠어?…"

…여호와께 감사하리로다 …그 행사가 존귀하고 엄위하며 그 의가 영원히 있도다. 〈시111:1~3〉

8. 씨 없는 수박

신앙심 깊은 부부는 다른 동네로 이사를 하자마자, 좋은 동네로 이사를 오게 해 준 것에 대해 하나님께 감사기도를 드렸다. 그리고 다음날, 남편이 근처 마트에 가서 커다란 수박을 하나 사가지고 나오는데, 보는 사람마다 얼굴 가득 미소를 지으며 웃는 것이었다. 계산하는 카운터 여직원도 웃고, 나오면서 만나는 사람들도 모두 자기를 보고 웃었다. 남편은 기분이 좋아서 집에 돌아오자마자 아내에게 말했다.

"여보, 이 동네에는 마음씨 좋은 사람들만 사는가 봐. 왜냐하면 만나는 사람마다 다 나를 보고 활짝 웃더라구."

그러자 아내가 남편을 물끄러미 바라보더니 이렇게 말했다.

😊 "아이구 여보, 그런 소리 말고 어서 바지 앞자락에 붙은 '씨 없는 수박'이란 스티커나 떼요!"

> …내가 네게 큰 복을 주고 네 씨가 크게 번성하여 하늘의 별과 같고 바닷가의 모래와 같게 하리니 네 씨가 그 대적의 성문을 차지하리라. 또 네 씨로 말미암아 천하 만민이 복을 받으리니 이는 네가 나의 말을 준행하였음이니라 하셨다 하니라. 〈창22:17~18〉

…
9. 니가 와?

주일예배가 끝난 뒤, 교회에 처음 나온 아가씨가 목사님께 질문했다.
"목사님, 마리아는 처녀였는데 어떻게 아기를 낳았죠? 그게 말이 되나요?"
목사님이 막 대답을 하려고 하는데, 그때 옆에 있던 할머니 한 분이 끼어들며 말했다.

> "허참! 남편인 요셉도 가마히 있었는데
> 니가 와 그걸 따지노?"

> …이 일을 생각할 때에 주의 사자가 현몽하여 이르되 다윗의 자손 요셉아, 네 아내 마리아 데려오기를 무서워하지 말라. 그에게 잉태된 자는 성령으로 된 것이라, 아들을 낳으리니 이름을 예수라 하라. 이는 그가 자기 백성을 그들의 죄에서 구원할 자이심이라 하니라. 〈마1:20~21〉

10. 사랑이란 이름의 약 TIP

효능
1. 세상이 무조건 아름다워 보이고, 사람들이 행복해 보인다.
2. 입에서 콧노래가 떠나지 않고, 끊임없이 기대감이 생긴다.
3. 열등감이 사라지고, 항상 마음이 즐거워진다.
4. 살아있음에 대하여 감사하게 된다.

용법 및 용량
1. 사랑 그 자체에 대한 사랑인지, 대상에 대한 사랑인지를 잘 구분해서 복용할 것.
2. 지나친 기대감이나 집착과 함께 복용하지 말 것.
3. 인내, 용서, 노력 등과 함께 복용하면 효과를 더욱 높일 수 있음.
4. 적당량의 그리움, 낭만, 추억, 선물, 여행 등을 섞어 복용 할 것.

보관 방법

1. 마음속 깊은 곳에 간직할 것.
2. 변질되지 않도록 서로 끊임없는 노력과 관심을 기울일 것.

유효기간

사람에 따라 천차만별.

사용 시 주의사항

1. 끝까지 믿을 것.
2. 상대를 배려할 것.
3. 우선 참을 것.
4. 슬픔도 기쁨도 함께 나눌 것.
5. 화내지 말 것.
6. 성급해 하지 말 것.
7. 있는 그대로의 나를 보이고, 있는 그대로의 상대를 받아들일 것.

부작용

이루어 지지 않을 경우 절망과 슬픔에 빠질 위험이 있으니 주의를 요함.

권장소비자 가격

돈으로 헤아릴 수 없음.

제조원

 하늘나라 제약회사.

> …그런즉 믿음, 소망, 사랑, 이 세 가지는 항상 있을 것인데, 그 중에 제일은 사랑이라. 〈고전 13:13〉

11. 혼비백산

먼저 세상을 떠난 아내의 묘를 찾은 한 남자가 울면서 말했다.
"여보, 왜 나를 두고 당신 먼저 간 거야. 다시 돌아올 수는 없어?"
그러자 갑자기 묘석이 조금 들썩거렸다.
깜짝 놀란 남자는 혼비백산 도망치며 소리쳤다.

. . . . . .

😊 "아이고 하나님! 제가 농담 한마디 한걸 갖고 뭘 그러세요!"

> …네가 누구를 두려워하며, 누구로 하여 놀랐기에 거짓을 말하며, 나를 생각지 아니하며, 이를 마음에 두지 아니하였느냐? 네가 나를 경외치 아니함은 내가 오래 동안 잠잠함을 인함이 아니냐? 〈사 57:11〉

12. 노인과 사탄

주일예배가 시작되기 직전, 교회에 사탄이 나타났다. 그러자 노인 한 사람만 남고 모두 밖으로 나가버렸다. 사탄이 노인에게 뚜벅뚜벅 걸어가서 물었다.
"당신은 내가 무섭지 않소?"
노인은 사탄을 거들떠보지도 않고 대답했다.
"난 당신 따윈 무섭지 않아!"
"내 말 한마디면 당신이 죽을 수 있는데도?…"

"그건 나도 알고 있소!"
"그런데 어째서 내가 무섭지 않다는 거지?"

😊 "난 당신 누이하고 결혼해서 40년이나
함께 살아왔는데 뭘 그래!"

…이러므로 우리가 화평의 일과 서로 덕을 세우는 일을 힘쓰나니. 〈롬 14:19〉
---

13. 공지사항

예배가 끝나자 부목사님이 나와서 교인들에게 공지사항을 전달했다.
"교우 여러분! 다음 주 일요일 오후에 여성교구 주최로 바자회를 열 예정입니다. 버리기는 아까우나 그렇다고 가지고 있을 만한 것도 아닌 것들을 처분 할 수 있는 좋은 기회입니다."
여기까지는 좋았다. 그런데 다음에 이어진 말에 교인들은 큰 소리로 폭소를 터뜨렸다.

⋮

😊 **"아내들은 남편을, 남편들은 아내를 데리고 나오세요!"**

> …사랑하는 자들아, 하나님이 이같이 우리를 사랑하셨은즉, 우리도 서로 사랑하는 것이 마땅하도다. 〈요일 4:11〉

14. 불평

주일 예배 후, 남자 성도 둘이 함께 점심을 먹으면서 서로 불평을 늘어놓았다. 먼저 한 성도가 투덜거렸다.
"아 글쎄, 난 며칠 전에 우리 집사람 눈에 모래가 들어가는 바람에 치료비로 50만 원을 날렸지 뭐유!"
그러자 다른 성도가 투덜거렸다.

😊 "뭘 그 정도 가지고 그래요? 난 며칠 전에 모피코트가 우리 집사람 눈에 들어가는 바람에 3백만 원을 날렸는데!…"

> …여호와 앞에 잠잠하고 참아 기다리라. 자기 길이 형통하며 악한 꾀를 이루는 자를 인하여 불평하여 말지어다.
> 〈시 37:7〉

15. 설교를 잘 하게 된 이유

새로 부임한 나이 많은 목사님은 사람들을 대할 때, 그 태도가 인자하여 교인들 모두가 좋아했다. 그런데 한 가지 흠이 있다면, 설교를 할 때 말을 더듬거리면서 느리게 한다는 것이었다.

그러던 어느 날, 그 목사님이 전혀 더듬거리지 않고 청산유수로 설교를 했다. 교인들이 놀라서 물었다.

"아니, 목사님! 그렇게 설교를 잘 하시면서 왜 지금까지는 실력을 숨기시고 계셨어요?"
그러자 목사님이 이렇게 대답했다.

:
:

😊 "그런 말 마세요. 아침에 내 것인 줄 알고 집사람 틀니를 끼고 나왔더니, 나도 모르게 말이 따발총처럼 쏟아져 나온 거라구요!"

> …다 병 고치는 은사를 가진 자겠느냐? 다 방언을 말하는 자겠느냐? 다 통역하는 자겠느냐? 〈고전 12:30〉

16. 해법

어느 가풍 있는 크리스천 집안에 시집 간 며느리가 드디어 아들을 출산했다.

그런데 출산 후 몇 개월이 지난 어느 날, 그녀는 황당한 광경을 목격했다. 잠시 외출했다 돌아와 보니 시어머니가 아기에게 젖을 물리고 있는 게 아닌가?… 그 후로도 며느리는 여러 번 시어머니가 아기에게 마른 젖꼭지를 물리려고 애쓰는 모습을 목격했다.

그녀는 이 황당한 사실을 혼자 고민하다가, 하는 수없이 목사님을 찾아가 상의했다. 그러자 며느리의 사실 얘기를 다 듣고 난 목사님이 한 마디로 잘라 말했다.

😊 "그럼, 맛으로 승부하세요!"

…모든 겸손과 온유로 하고, 오래 참음으로 사랑 가운데서 서로 용납하고. 〈엡 4:2〉

17. 아가씨와 배꼽티

어떤 아가씨가 교회에 나올 때 마다 매번 찢어진 청바지에 배꼽티를 입고 나왔다. 민망하게 생각한 목사님이 그녀를 불러서 조용히 충고했다.
"자매님, 하나님을 뵈러 올 때는 복장을 좀 단정하게 하고 나왔으면 좋겠어요."
그러자 아가씨가 정색을 하며 물었다.
"어머 왜요? 제가 배꼽티를 입고 나와서요?"
"그래요, 사람들 보기에 좋질 않아요."
하지만 아가씨는 조금도 물러서지 않았다.
"그렇지만 목사님, 목사님이 하나님께선 늘 우리의 중심을 보신다고 말씀하셨잖아요. 그래서 전 하나님께 중심을 보여 드리기 위해 배꼽티를 입고 나오는 거예요."
목사님은 어이가 없었지만, 그래도 화는 낼 수가 없어서 점잖게 타일렀다.
"자매님, 하나님께선 우리의 육체의 중심을 보시는 것이 아니라 마음의 중심을 보시는 거라구요."
그러자 아가씨가 대꾸했다.

😊 "알겠어요, 그럼 다음엔 가슴 나오는 티를 입고 나오죠 뭐!"

> …그들이 오매 사무엘이 엘리압을 보고 마음에 이르기를 여호와의 기름 부으실 자가 과연 주님 앞에 있도다 하였더니, 여호와께서 사무엘에게 이르시되 그의 용모와 키를 보지 말라 내가 이미 그를 버렸노라 내가 보는 것은 사람과 같지 아니하니 사람은 외모를 보거니와 나 여호와는 중심을 보느니라 하시더라. 〈삼상16:6~7〉

18. 사탄의 유혹

어떤 교회의 목사님이 경제적 어려움을 겪게 되자 아내를 불러서 당부했다.

"여보, 우리 형편이 좀 나아질 때까지 당분간 모든 비용은 줄이도록 합시다. 특히 옷이라든가 외식 같은 건 자제하는 게 좋겠소."

그로부터 며칠 후, 외출했던 아내가 멋진 옷을 한 벌 사 입고 집으로 돌아왔다. 그걸 본 목사님이 못마땅해서 한마디 했다.

"아주 멋지구려! 그런데 당신 내가 당분간 옷 같은 건 사지 말자고 부탁한 거 기억나요?"

그러자 아내가 대답했다.

"기억나죠. 하지만 백화점에서 제가 이 옷을 보는 순간 글쎄 사탄이 저를 막 유혹하지 뭐예요."
목사님이 어이가 없어서 말했다.
"아니, 그럴 땐 당신도 어떻게 해야 하는지 잘 알고 있잖소. 예수님께서 하신대로 '사탄아 내 뒤로 물러가라!'하고 소리쳤어야지요."
그러자 아내가 대답했다.

😊 "저도 그렇게 했죠. 그런데 사탄이 제 뒤로 물러가더니 '사모님, 뒤에서 봐도 너무 아름다우시네요!' 그러잖아요!"

…예수께서 돌이키사 제자들을 보시며 베드로를 꾸짖어 이르시되 사탄아 내 뒤로 물러가라 네가 하나님의 일을 생각하지 아니하고 도리어 사람의 일을 생각하는도다 하시고, 무리와 제자들을 불러 이르시되 누구든지 나를 따라오려거든 자기를 부인하고 자기 십자가를 지고 나를 따를 것이니라. 〈막8:33~34〉

19. 며느리전서 13장

1절 ———————————

네가 시어머니께 예쁜 얼굴로 애교 있는 말을 할지라도 사랑이 없으면 소리 나는 구리와 꽹과리가 되고, 네가 배운 게 있어 유식하고, 돈 버는 능이 있을지라도 시어머니에 대한 사랑이 없으면 아무것도 아니요, 네가 네게 있는 신용카드로 시어머니께 선물을 사드려도, 그 속에 사랑이 없으면 아무 유익이 없느니라.

2절 ———————————

시어머니에 대한 사랑은 시어머니가 무리한 요구를 할지라도 참고, 심한 말을 할지라도 온유하며, 남편이 시어머니 편을 들지라도 투기하지 아니하며, 며느리로서 교만하지 않으며, 며느리로서 무례히 행치 아니하며, 화가 목구멍까지 올라와도 삭히며, 뒷바라지가 힘들지라도 끝까지 견디느니라.

3절

그런즉 며느리에게 미모, 능력, 사랑 이 세 가지는 항상 있을 것인데 그 중에 제일은 사랑이라.

…내가 사람의 방언과 천사의 말을 할지라도 사랑이 없으면 소리 나는 구리와 울리는 꽹과리가 되고, 내가 예언하는 능력이 있어 모든 비밀과 모든 지식을 알고 또 산을 옮길 만한 모든 믿음이 있을지라도 사랑이 없으면 내가 아무것도 아니요. 〈고전 13:1~2〉

20. 떨고 있는 사연

찬바람이 부는 몹시 추운 겨울날 저녁, 한 남자가 자기 집 대문 앞에 나와서 벌벌 떨고 있었다. 지나가던 이웃집 할머니가 그에게 물었다.
"아니, 이 추운 날씨에 왜 밖에 나와서 벌벌 떨고 있는 거유?"
그러자 그 남자가 대답했다.
"우리 집사람이 교회 찬양대회에 나간다고 노래연습을 하고 있거든요."
"아니, 집사람이 노래연습 한다고 집밖에 나와서 벌벌 떨

우? 그냥 옆에 앉아 있으면 될 거 아니유."
그러자 그 남자가 대답했다.

:
:
:

😊 "할머니, 그게 아니라 집사람이 얼마나 소리를 꽥꽥 질러대는지 제가 안에 있으면 동네 사람들이 제가 마누라를 두들겨 패는 줄 알 거 아닙니까. 그래서 이렇게 밖에 나와 떨고 있는 거라구요!"

…그런즉 너희가 어떻게 행할지를 자세히 주의하여 지혜 없는 자 같이 하지 말고 오직 지혜 있는 자 같이 하여, 범사에 우리 주 예수 그리스도의 이름으로 항상 아버지 하나님께 감사하며, 그리스도를 경외함으로 피차 복종하라. 〈엡5:15,20,21〉

21. 아내의 불만 1

주일날 아침, 예배를 드리기 위해 교회로 가는 차안에서 아내가 남편에게 수수께끼를 냈다.
"여보 당신이 기관사라 치고, 기차 안에는 100명이 타고 있어요. 첫 번째 역에서 10명이 내리고 15명이 탔다면 기관사 이름이 뭐 게요?"
어이가 없어진 남편이 아내에게 퉁명스럽게 대답했다.
"나 원 참! 아니 승객 수를 알아맞히라는 것도 아니고 기관사 이름을 내가 어떻게 알아?"
그러자 아내가 남편에게 불만스럽게 말했다.

😊 "것 봐요, 당신은 항상 내 말에 귀를 기울이지 않는다구요. 맨 처음 내가 당신을 기관사라 치자고 했잖아요!"

> …너희는 귀를 기울여 내 목소리를 들으라 자세히 내 말을 들으라, 파종하려고 가는 자가 어찌 쉬지 않고 갈 기만 하겠느냐 자기 땅을 개간하며 고르게만 하겠느냐.
> 〈사28:23~24〉

22. 아내의 불만 2

어느 화창한 주일날 아침, 부부가 교회에 가기 위해 준비를 하고 있었다.
옷을 다 차려입은 남편이 아내에게 물었다.
"여보, 준비 다 됐소?"
그러자 아내가 남편에게 퉁명스럽게 말했다.

😊 "제발 좀 재촉하지 말아요. 잠깐이면 된다고 한 시간 전에 말했잖아요!"

> …사랑은 오래 참고 사랑은 온유하며 시기하지 아니하며 사랑은 자랑하지 아니하며 교만하지 아니하며, 모든 것을 참으며 모든 것을 믿으며 모든 것을 바라며 모든 것을 견디느니라. 〈고전13:4,7〉

23. 목사님의 평가

어떤 여자가 시퍼렇게 멍든 눈을 해가지고 목사님을 찾아와서 하소연했다.
"남편이란 작자가 이렇게 했는데 이젠 어떻게 해야 하죠?"
그녀는 목사님한테서 이혼이란 말이라도 나오길 기대했다. 그러나 이런저런 얘기가 오가다가 목사님이 물었다.
"맞기 전에 남편한테 무슨 말을 했죠?"
그러자 그녀는 남편이 너무 미워서 자기도 참지 못하고 이렇게 말했다고 고백했다.
"그래 잘났어! 그래도 사내라고… 당신이 해 준 게 뭐가 있어?… 때려 봐, 아예 죽여라! 그래도 자존심은 있어서…"
얘기를 다 듣고 난 목사님이 한마디 했다.

"그래도 남편이 훌륭한 데가 있네요!"
여자가 정색하며 항변했다.
"뭐예요? 목사님 지금 누구 약 올리시는 거예요?"
그러자 목사님이 대답했다.

:
:
:
:
:

😊 "그렇잖아요, 죽이라고 했는데 때리기만 했으니까 훌륭한 데가 있는 거 아닙니까!"

…너희는 모든 악독과 노함과 분 냄과 떠드는 것과 비방하는 것을 모든 악의와 함께 버리고, 서로 친절하게 하며 불쌍히 여기며 서로 용서하기를 하나님이 그리스도 안에서 너희를 용서하심과 같이 하라. 〈엡4:31~32〉

24. 아이고 하나님!

어떤 남자가 자기는 매일 직장에 출근하여 고생하는데 마누라는 허구한 날 집에서 빈둥거리는 것만 같아 늘 불만이었다. 그래서 어느 날 하나님께 간절히 기도를 드렸다.
"하나님, 저는 매일 직장에 출근하여 스트레스 받아가며 열심히 일하는데, 마누라는 집에서 빈둥대고만 있습니다. 그러니 단 하루만이라도 집사람과 저의 몸을 바꾸어주십시오. 그러면 집사람은 제가 처자식을 위해 얼마나 힘들게 일하고 있는지 알게 될 것입니다!"
남자의 간절한 기도를 들은 하나님은 그의 소원을 들어주기로 했다. 그래서 다음날 아침 남편과 아내의 몸을 바꾸어 주었다.
이제 아내가 된 남편은 아침에 일어나자마자 밥을 짓고,

남편을 출근 시키고, 애들을 깨워서 밥을 먹인 다음 이것저것 챙겨 학교에 보내고, 빨래를 모아 세탁기를 돌리고, 강아지 밥을 주고, 방마다 돌아가며 청소를 하고, 공과금 청구서를 모아 은행 일을 보고, 돌아오는 길에 마트에 들러 장을 봐서 집에 돌아와 보니 벌써 오후 4시가 되어 있었다. 잠시 후 아이들이 학교에서 돌아오자 간식을 먹여 학원에 보낸 다음, 설거지를 하고, 쓰레기를 버리고, 빨래를 갰다. 그러고 나서 한숨을 돌리려는데 시계를 보니 벌써 오후 7시, 저녁 준비할 시간이었다. 그래서 허겁지겁 밥을 짓고 반찬을 만들었다. 남편이 돌아와 저녁 식사를 마치고 설거지를 한 다음 어지럽혀진 집안을 정돈하고 나니 벌써 밤 11시, 그러나 아직도 아내로서의 할 일은 남아있었다. 지친 몸을 침대에 뉘었는데 남편이 은근히 사랑을 요구를 해와 그 요구를 들어주어야만 했다.

다음날 아침, 남편은 일찌감치 눈을 떴다. 그는 자신이 아직 여자의 몸으로 남아있는 것을 깨닫고는 침대 앞에 무릎을 꿇고 하나님께 기도를 드렸다.

"하나님, 제가 잘못했습니다. 저는 아내가 집에서 빈둥거리는 줄만 알았는데 그게 아니었습니다. 이젠 저도 아내에 대해 불만을 품지 않고 남편으로서의 역할을 더욱 충실히 하겠습니다. 그러니 저를 다시 남자로 돌아가게 해주십시오!"
그러자 하나님께서 이렇게 말씀하셨다.

⋮

😊 "너는 어제 하루 동안 많은 것을 깨달았으리라 믿는다. 그런데 안타까운 것은 나도 지금 당장은 너를 남자로 돌아가게 해 줄 수가 없다는 것이다. 왜냐하면 너는 어제 밤에 그만 임신을 하고 말았기 때문이다. 그래서 너는 열 달 후에나 남자로 돌아갈 수 있느니라!"

> 집사들은 한 아내의 남편이 되어 자녀와 자기 집을 잘 다스리는 자일지니, 집사의 직분을 잘한 자들은 아름다운 지위와 그리스도 예수 안에 있는 믿음에 큰 담력을 얻느니라. 〈딤전3:12~13〉

25. 이상한 싸움

툭하면 싸우는 부부가 있었다. 그들은 아주 사소한 것을 가지고도 싸웠다. 두 사람은 싸우지 말아야지 하면서도 같이 있으면 어느새 티격태격 말다툼을 벌이곤 했다. 그래서 그들은 논의 끝에 협정을 맺었다. 대화를 나눌 때는 항상 상대방에 대한 애정 표현을 한 다음, 하고 싶은 말을 하기로 한 것이다.

그로부터 며칠 후, 남편이 퇴근해서 집에 돌아와 보니 집 안이 매우 어지러웠다. 남편은 화가 났지만 며칠 전 맺은 협정이 생각나서 화를 꾹 참고 말했다.

"사랑스러운 여보, 집안 꼴이 도대체 이게 뭐요? 꼭 쓰레기장 같구려!"

그러자 아내가 대답했다.

"무지하게 멋진 여보, 나는 뭐 하루 종일 집에서 놀기만 하는 줄 알아요?"

"미치고 환장하게 예쁜 여보, 하지만 직장에서 녹초가 돼

가지고 들어왔는데 집안 꼴이 이게 뭐요?"
"까무러치게 멋있는 여보, 하지만 나도 오늘 많이 바빴다구요!"
"매력이 철철 넘쳐 홍수가 날 여보, 그렇지만…"
"내 몸이 터져죽을 정도로 사랑하는 여보, 그래도…"

☺ 두 사람은 마침내 웃음을 터뜨렸고, 싸움은 더 이상 진행되지 않았다.

> …선한 사람은 그 쌓은 선에서 선한 것을 내고 악한 사람은 그 쌓은 악에서 악한 것을 내느니라, 내가 너희에게 이르노니 사람이 무슨 무익한 말을 하든지 심판 날에 이에 대하여 심문을 받으리니, 네 말로 의롭다 함을 받고 네 말로 정죄함을 받으리라. 〈마12:35~37〉

26. 아내의 질문

애처가 남편이 결혼기념일을 맞아 아내에게 최신형 스마트폰 하나를 사주었다. 처음으로 스마트폰을 가져보는 아내는 남편의 사랑에 감격의 눈물까지 흘렸다. 자상한 남편은 아내에게 스마트폰 사용법도 자세히 알려주었다.
다음날 아침, 남편이 출근하면서 아내에게 말했다.
"여보, 회사에서 전화 할 테니 밖에 나갈 때도 스마트폰 꼭 가지고 다녀요."
점심시간이 되었을 때, 남편이 회사에서 아내에게 전화를 했다.
"여보, 나야. 어때 잘 들려?"
"그럼요, 당신이 꼭 옆에서 말하는 거 같아요."
아내의 밝은 목소리에 남편은 마음이 흐뭇했다.
"그래 알았어. 잃어버리지 말고 잘 갖고 다녀. 오늘 일찍 들어갈게."

"네, 끝나면 바로 오세요. 기다릴게요."
남편은 아내에게 스마트폰 사주길 참 잘했다고 생각하며 말했다.
"알았어. 여보, 사랑해!"
그러자 아내가 대답했다.

😊 "근데 당신 내가 미장원에 있는 거 어떻게 알고 이리로 전화했어요?"

> …여호와여 주께서 나를 살펴보셨으므로 나를 아시나이다. 주께서 내가 앉고 일어섬을 아시고 멀리서도 나의 생각을 밝히 아시오며, 나의 모든 길과 내가 눕는 것을 살펴보셨으므로 나의 모든 행위를 익히 아시오니, 여호와여 내 혀의 말을 알지 못하시는 것이 하나도 없으시니이다. 〈시139:1~4〉

27. 지혜 없는 자 같이 하지 말며

착하긴 하지만 지혜가 부족한 부부가 있었다. 어느 날 부인이 남편한테 물었다.
"당신, 나와 시어머니 그리고 아들 이렇게 셋이 물에 빠지면 누구부터 구할 거예요?"
그러자 남편은 제일 먼저 어머니부터 구하겠다고 대답했다. 부인은 속으로 섭섭했지만 꾹 참고 다시 물었다.
"그럼, 그 다음은요?"
"그 다음은 우리 아들이지!"
부인은 대단한 충격을 받았다. 그러나 내색하지 않고 다시 물었다.
"그럼 나는 죽어도 좋다는 거예요. 그런가요?"
남편이 웃으면서 대답했다.

"마누라는 다시 얻을 수 있잖아!"

그날 이후, 남편의 말이 농담인줄 알면서도 부인은 삶이 무기력해졌다. 배신감과 함께 외로움이 밀려왔다. 자기 혼자 세상 끝에 버려진 것 같은 느낌에 견딜 수가 없었다. 급기야 그녀는 우울증에 걸렸고, 병원을 찾아가서 의사에게 상담을 했다. 그러자 자초지종 얘기를 다 듣고 난 의사가 그녀에게 물었다.

"물에 빠지면 아내를 맨 나중에 구하겠다는거죠?"
"네, 그래요."

 "그럼 수영부터 배우세요!"

…지혜자의 입의 말들은 은혜로우나 우매자의 입술들은 자기를 삼키나니, 그의 입의 말들의 시작은 우매요 그의 입의 결말들은 심히 미친 것이니라, 우매한 자는 말을 많이 하거니와 사람은 장래 일을 알지 못하나니 나중에 일어날 일을 누가 그에게 알리리요. 〈전10:12~14〉

28. 남편의 사랑

몸이 아파 병원에 입원한 아내는 남편에게 신경질을 많이 부렸다. 그래도 남편은 참을성 있게 아내의 온갖 신경질을 다 받아주며 항상 웃음을 잃지 않았다. 그러나 남편의 극진한 간호에도 불구하고 아내는 죽고 말았다.

남편이 장례를 치르고 집으로 돌아오는 중에, 그가 골목길을 지나는데 지붕위에서 작은 기와 조각 하나가 툭 떨어지며 그의 머리를 쳤다. 다행히 많이 다치지는 않았지만

맞은 자리가 금방 부어올랐다. 그러자 그는 부어오른 머리를 매만지며 하늘을 쳐다보고 말했다.

😊 "알았소 여보, 당신이 천국에 잘 도착했다는 신호지? 그렇지?…"

> …네 헛된 평생의 모든 날 곧 하나님이 해 아래에서 네게 주신 모든 헛된 날에 네가 사랑하는 아내와 함께 즐겁게 살지어다 그것이 네가 평생에 해 아래에서 수고하고 얻은 네 몫이니라. 〈전9:9〉

29. 모든 것엔 등급이 있다

유머
1등급은 자다가도 웃는 내용이다. 2등급은 좀 웃기긴 하다. 3등급은 썰렁한 내용이다.

절도범
1등급은 개인 변호사가 있다. 2등급은 집 모양만 봐도 재산이 얼마인지 안다. 3등급은 어디가 돈 되는 집인지 모르고 가끔 경찰집도 털다가 걸린다.

결혼 중매인
1등급은 스머프 같은 키 작은 남자도 결혼시킨다. 2등급은 스머프 같은 남자만 아니면 90% 성공시킨다. 3등급은 본인조차 싱글이다.

자식
1등급은 말도 잘 듣고 공부도 잘 한다. 2등급은 말은 잘 듣는다. 3등급은 연예인만 따라한다.

남자

1등급은 용모도 준수하고 능력도 있다. 2등급은 용모는 준수하다. 3등급은 성질만 있다.

여자

1등급은 얼굴도 예쁘고 마음도 곱다. 2등급은 얼굴은 예쁘다. 3등급은 바람만 들었다.

성도

😊 1등급은 설교도 잘 듣고 기도도 잘 하고 봉사도 잘 한다. 2등급은 설교는 잘 듣는다. 3등급은 졸기만 잘 한다.

> …하나님이 땅의 짐승을 그 종류대로, 가축을 그 종류대로, 땅에 기는 모든 것을 그 종류대로 만드시니 하나님이 보시기에 좋았더라. 〈창1:25〉

30. 원초적 질투

에덴동산에 아담과 이브가 살고 있었다. 어느 날 이브가 아담에게 물었다.
"자기 나 사랑해?"
"그럼, 사랑하지!"
"정말?… 날 제일 사랑하는 거지?"
"그렇다니까!"
"그럼, 내가 제일 예뻐?"
"그럼, 제일 예쁘지!"

"정말?"

"정말이라니까!"

.
.
.
.
.

😊 "그럼, 내가 하와보다 더 예뻐?"

"@&#%*$&!?…"

> …지혜로운 자가 어찌 헛된 지식으로 대답하겠느냐 어찌 동풍을 그의 복부에 채우겠느냐, 어찌 도움이 되지 아니하는 이야기 무익한 말로 변론하겠느냐. 〈욥15:2~3〉

31. 늑대 먹이

마땅한 남자를 만나지 못해 혼기를 훌쩍 넘겨버린 한 노처녀가 있었다.

그녀는 이제 결혼이야기만 나오면 고린도전서 7장 38절 '그러므로 결혼하는 자도 잘하거니와 결혼하지 아니하는 자는 더 잘하는 것이니라'를 들먹이며 이렇게 말하곤 했다.

"남자들은 모두 늑대야! 내가 늑대 먹이가 될 거 같애?"

그러던 어느 날, 그녀가 갑자기 친구들한테 결혼을 하겠다고 발표했다.

친구들이 놀라서 물었다.

"아니 어떻게 된 거니? 절대 늑대 먹이가 되지 않겠다고 해 놓구선?…"
그러자 그녀가 대답했다.

😊 "얘들아, 늑대도 먹어야 살 거 아니니!"

> …하나님이 모든 것을 지으시되 때를 따라 아름답게 하셨고 또 사람들에게는 영원을 사모하는 마음을 주셨느니라 그러나 하나님이 하시는 일의 시종을 사람으로 측량할 수 없게 하셨도다. 〈전3:11〉

32. 마음에 들은 비결

50대 초반의 아주머니 한 분이 남편과 사별하고 외롭게 산지도 몇 년이 흘렀다. 주위에서 적극 재혼을 권했지만 마땅한 사람이 없어 세월만 속절없이 흘렀다. 그러다 어느 때부턴가는 함께 어울리는 남자가 있다는 소문이 돌더니, 급기야 결혼날짜까지 잡아 화제가 되었다.
그러던 어느 주일날 아침, 그 아주머니가 연하의 젊은 교수와 함께 팔짱을 끼고 교회에 나타났다. 모두들 부러워했고, 동생뻘 되는 한 노처녀가 그녀에게 다가가서 물었다.

"언니는 어떻게 이렇게 젊은 교수님의 맘에 들었어요? 그 비결이 뭐죠?"
그러자 그녀가 대답했다.

> 😊 "이분은 전공이 고고학이야. 그래서 오래된 걸 더 좋아해!"

> …주께 합당하게 행하여 범사에 기쁘시게 하고 모든 선한 일에 열매를 맺게 하시며 하나님을 아는 것에 자라게 하시고, 그의 영광의 힘을 따라 모든 능력으로 능하게 하시며 기쁨으로 모든 견딤과 오래 참음에 이르게 하시고.
> 〈골1:10~11〉

33. 천국에 들어가려면

오랫동안 병을 앓아오던 한 여자가 죽어서 천국에 갔다.
천국 문을 지키고 있던 베드로가 말했다.
"천국에 들어가려면 내가 말하는 단어의 반대말을 대야만 하오."
그러면서 여자에게 'hate'의 반대말을 대보라고 했다.
여자는 'love'라고 정확히 말했고, 무사히 천국안으로 들어갔다.
그로부터 몇 주일이 흐른 어느 날, 베드로가 천국에 살고 있는 그녀를 불러서 말했다.

"오늘은 내가 어딜 좀 다녀올 데가 있소. 그러니 오늘 하루만 내 대신 천국 문을 지켜주시오."
여자는 안 그래도 심심하던 터라 베드로의 부탁을 흔쾌히 승낙했다.
그녀는 그날 팔에 완장을 차고 천국 문 앞에서 영광스런 천국문지기의 임무를 수행했다. 그런데 공교롭게도 바로 그날 그녀의 남편이 죽어서 천국 문 앞에 나타났다. 그녀는 너무 반가운 나머지 남편의 손을 덥으면서 잡으면서 물었다.
"여보, 그동안 어떻게 지냈어요? 저 많이 보고 싶었죠?"
그러자 남편이 대답했다.
"나는 당신이 죽은 후에 아주 잘 지냈어. 당신을 간호하던 그 예쁜 간호사와 결혼을 했고, 복권에 당첨되어 멋진 별장도 샀어. 오늘은 새로 결혼한 아내와 함께 하와이에 수상스키를 타러갔다가 그만 물에 빠져 죽는 바람에 여길 오게 됐어. 어차피 죽은 바에 나는 천국에 들어가고 싶어. 어떻게 하면 천국에 들어갈 수 있지?"
그러자 그녀는 잡았던 남편의 손을 확 뿌리치면서 말했다.
"천국에 들어가려면 내가 말하는 단어의 반대말을 정확히 대야만 해요!"

"그래? 그거 뭐 별거 아니네. 어떤 단언지 말해봐."
그러자 여자가 말했다.

․
․
․
․
․

☺ "WilliamShakespeareReneDescartes!"

> 좁은 문으로 들어가기를 힘쓰라 내가 너희에게 이르노니 들어가기를 구하여도 못하는 자가 많으리라. 집 주인이 일어나 문을 한 번 닫은 후에 너희가 밖에 서서 문을 두드리며 주여 열어 주소서 하면 그가 대답하여 이르되 나는 너희가 어디에서 온 자인지 알지 못하노라 하리니. 〈눅13:24~25〉

34. 금욕주의자

철저한 금욕생활로 존경을 받아오던 한 성직자가 세상을 떠나 천국에 갔다.
그리고 얼마 안 있어 그의 제자도 뒤를 따라 세상을 떠나 천국에 갔다.
제자가 천국에 이르러 아름다운 동산 앞을 지나노라니 먼저 죽은 스승이 늘씬한 미녀와 함께 나무그늘 아래에 앉아 있었다. 제자는 얼른 달려가서 스승에게 인사를 하고 주위를 둘러보았다. 어쩌면 자기에게도 아름다운 미녀가 주어질지 모를 일이었기 때문이었다. 그러나 아무리 주위를 둘러보아도 미녀는 보이지 않았다. 그가 스승에게 부러운 듯이 물었다.
"스승님, 재미가 어떠신지요? 저는 스승님이 살았을 때 금욕적인 생활을 했기 때문에 천국에서는 틀림없이 큰 보상을 받을 거라고 예상했습니다. 저는 스승님이 부럽기만 합니다."

그러자 스승이 대답하기 전에 미녀가 먼저 나서서 말했다.

😊 "이것보세요, 내가 이 금욕주의자에게 주어진 상이 아니라 이 금욕주의자가 나에게 주어진 벌이라구요!"

> …내가 이르노니 너희는 성령을 따라 행하라 그리하면 육체의 욕심을 이루지 아니하리라, 육체의 소욕은 성령을 거스르고 성령은 육체를 거스르나니 이 둘이 서로 대적함으로 너희가 원하는 것을 하지 못하게 하려 함이니라, 너희가 만일 성령의 인도하시는 바가 되면 율법 아래에 있지 아니하리라 〈갈5:16~18〉

35. 최초의 십일조 반항 사건

하나님께서 땅을 펼치시고 각종 걷는 것과 기는 것과 나는 것을 지으신 다음, 지상을 내려다보니 모든 동물들이 다 짝이 있는데 아담만은 혼자였으므로 보기에 좋질 않았다. 그래서 그에게도 짝을 지어주기로 마음먹고 아담에게 물었다.

"아담아, 너는 나의 가장 소중한 창조물이다. 내가 너에게도 짝을 지어주겠다. 만일 네가 너의 갈비뼈 24개 중에서 1/10을 십일조로 바치면, 진심으로 너를 공경하고 너의 말에 꼬박꼬박 순종하고, 완벽한 아름다움을 지닌 여자를 짝으로 지어주겠노라. 어찌 생각하느냐?"

하나님의 말씀을 들은 아담은 선뜻 이해가 되지 않았다.

"아니, 갈비뼈 24개의 1/10이면 2.4개인데, 2개나 3개도 아니고 2.4개를 바치라니 그럼 나보고 병신이 되라는 얘긴가?"

아담은 하나님의 말씀을 받아들일 수 없어서 하나님께 여쭈었다.

"하나님, 만일 제가 갈비뼈를 하나만 바치면 어떤 여자를 만들어 주실 거죠?"

그러자 하나님께서 말씀하셨다.

"나는 너의 의견을 물은 것이 아니다. Yes냐 No냐 그것만 대답해라!"

그래도 아담은 끝까지 고집을 부렸다.

"저는 병신이 되고 싶지 않습니다. 갈비뼈를 하나만 바치겠습니다."

결국 하나님은 아담의 선택을 매우 안타까워하시면서 갈비뼈 하나만으로 여자를 만들어주셨다. 그래서 이 세상에 남편을 진심으로 공경하고 남편의 말에 꼬박꼬박 순종하며 동시에 완벽한 아름다움을 지닌 여자는 존재하지 않는다.

> …그러나 주 안에는 남자 없이 여자만 있지 않고 여자 없이 남자만 있지 아니하니라, 이는 여자가 남자에게서 난 것 같이 남자도 여자로 말미암아 났음이라 그리고 모든 것은 하나님에게서 났느니라. 〈고전11:11~12〉

36. 달라진 세계관

결혼 한지 1년 된 한 젊은 신랑이 친구들에게 말했다.

"난 결혼하고 나서 이렇게까지 세계관이 바뀔 줄은 몰랐어!"

친구들이 물었다.

"그게 무슨 말이야?"

신랑이 대답했다.

"결혼 전엔 세상 모든 여자가 다 천사처럼 보였거든!"

친구들이 물었다.

"그런데 그게 어쨌다고?"

신랑이 대답했다.

:
:
:

😊 "그런데 이젠 세상에서 천사가 한 명 줄었어!"

> …만일 일천 천사 가운데 하나가 그 사람의 중보자로 함께 있어서 그의 정당함을 보일진대, 하나님이 그 사람을 불쌍히 여기사 그를 건져서 구덩이에 내려가지 않게 하라. 내가 대속물을 얻었다 하시리라. 〈욥33:23~24〉

37. 용서할 수 있는 남편

이웃집에 다녀온 아내는 무척 속이 상했다. 이웃집 여자가 남편으로부터 생일선물로 화장품을 받았다고 자랑을 했기 때문이다. 그날 저녁, 아내는 남편한테 투정을 부렸.
"옆집 한나 엄마는 남편한테서 생일 선물로 고급 화장품을 받았다는데 당신은 뭐예요? 지난달 내 생일 때 겨우 통닭 한 마리로 때우고…"
그러자 남편이 아내에게 말했다.
"쯧쯧, 그 여자 참으로 불쌍한 여자로구먼!…"

아내가 의아해서 물었다.
"아니, 그 여자가 불쌍하다니 그게 무슨 말이예요?"
그러자 남편이 대답했다.

．
．
．
．
．

😊 "그렇잖아. 한나 엄마가 당신처럼 예뻤어 봐 화장품이 뭐 필요하겠어?"

> …사람은 그 입의 대답으로 말미암아 기쁨을 얻나니 때에 맞는 말이 얼마나 아름다운고, 지혜로운 자는 위로 향한 생명 길로 말미암음으로 그 아래에 있는 스올을 떠나게 되느니라. 〈잠15:23~24〉

38. 저작권

어떤 목사님이 교회 창립일을 맞아 성도들에게 특별한 선물을 주고 싶었다. 그래서 그는 '사랑합니다'라는 말을 9천 번 반복해서 쓴 책을 만들었다. 그런 다음 그 책 한권을 저작권 심의위원회에 보내 저작권 신청을 했다. 하지만 저작권 심의위원회는 처음부터 끝까지 한 가지 문장만 반복해서 쓴 책은 저작권 보호를 할 수 없다며 그의 신청을 거절했다. 그러자 목사님은 저작권 심의위원회의 거절을 오히려 흡족해 하면서, 다음날부터 성도들을 만날 때마다 이렇게 말했다.

:
:
:
:

😊 "성도님, 이제 '사랑합니다'라는 말을 원하는 만큼 마음껏 사용하세요. 그 말에는 저작권이 없습니다!"

> …내가 사람의 방언과 천사의 말을 할지라도 사랑이 없으면 소리 나는 구리와 울리는 꽹과리가 되고, 내가 예언하는 능력이 있어 모든 비밀과 모든 지식을 알고 또 산을 옮길 만한 모든 믿음이 있을지라도 사랑이 없으면 내가 아무 것도 아니요, 내가 내게 있는 모든 것으로 구제하고 또 내 몸을 불사르게 내줄지라도 사랑이 없으면 내게 아무 유익이 없느니라. 〈고전13:1~3〉

39. 출신 학과별 사랑고백 TIP

금속공학과
당신이 너트라면 저는 볼트입니다.

회계학과
당신을 사랑하는 일에 대한 재무제표를 만들었더니 영원한 흑자더군요.

법학과
나에 대한 제1순위 근저당권자는 당신입니다. 그리고 이 근저당권은 소멸시효도 없습니다.

식품영양학과
칼슘, 철분, 단백질 등 각종 영양분을 이상적으로 배합한 후 사랑의 조미료를 가득 넣은 음식을 매일 정성껏 만들어 드릴게요.

경제학과

당신의 사랑이 나에게 주는 효용함수를 그려보면 무한궤도 곡선이 될 것입니다.

건축공학과

이것 좀 보세요. 내 가슴속에 설계해 둔 이 멋진 사랑의 설계도를… 당신을 위한 설계도입니다.

신학과

😊 하나님께서 태초에 여자를 남자의 갈비뼈로 만드셨기에, 제가 태초부터 영원까지 당신의 사랑의 옆구리가 되어드리겠습니다.

> …내가 네 사업과 사랑과 믿음과 섬김과 인내를 아노니 네 나중 행위가 처음 것보다 많도다. 〈계2:19〉

40. 부전자전

중학교 수학선생님이 시골에서 농사를 짓고 계신 아버지께 편지를 썼다.
"아버님, 그간 병환은 제로이시며 기운은 최댓값이신지요? 이곳의 저는 몸 건강히 한 여성과 교제 중입니다. 아버님의 기대치에는 절대 오차가 없도록 노력했습니다. 어쨌든 그녀는 믿음 면에서는 제곱 값이고, 성격은 합동이라서 그런대로 사랑이란 답이 나왔습니다. 이점 몇 번 검

산 해 보았으므로 확실히 맞는 답이옵니다."

그러자 아버지로부터 다음과 같은 짧은 답장이 왔다.

:
:
:
:
:

😊 "그럼 얼른 추수하거라!"

> …너희는 넉 달이 지나야 추수할 때가 이르겠다 하지 아니하느냐. 그러나 나는 너희에게 이르노니 너희 눈을 들어 밭을 보라. 희어져 추수하게 되었도다. 거두는 자가 이미 삯도 받고 영생에 이르는 열매를 모으나니, 이는 뿌리는 자와 거두는 자가 함께 즐거워하게 하려함이라. 〈요4:35~36〉

41. 집안 이야기

어린 한나가 엄마한테 물었다.
"엄마, 맨 처음 사람은 어떻게 생겨난 거야?"
엄마가 대답했다.
"하나님이 아담과 하와를 만드셨고, 아담과 하와가 아이를 낳으면서 모든 인류가 생겨난 거란다."
다음날, 한나는 아빠한테 똑같은 질문을 했다. 그러자 아빠가 대답했다.
"아주 옛날에 원숭이가 있었는데, 원숭이들이 점점 변해서 사람이 된 거야."
머릿속이 복잡해진 아이가 다시 엄마한테로 가서 물었다.

"엄마는 하나님이 사람을 만들었다고 하고, 아빠는 원숭이가 변해서 사람이 됐다고 하는데 어떤 게 맞는 거야?"
그러자 엄마가 대답했다.

"응, 그건 별거 아냐. 엄만 엄마네 쪽 집안 얘길 한 거고, 아빤 아빠네 쪽 집안 얘길 한 거야!"

> …하나님이 자기 형상 곧 하나님의 형상대로 사람을 창조하시되 남자와 여자를 창조하시고, 하나님이 그들에게 복을 주시며 하나님이 그들에게 이르시되 생육하고 번성하여 땅에 충만하라, 땅을 정복하라, 바다의 물고기와 하늘의 새와 땅에 움직이는 모든 생물을 다스리라 하시니라. 〈창1:27~28〉

42. 그날 이후

태초에 하나님께서 하늘과 땅을 창조하시고 휴식을 취하셨다. 다음으로 하나님께서 남자를 만드시고 휴식을 취하셨다.

 그리고 하나님께서 여자를 만드신 후로는
하나님도 남자도 휴식을 취해본 적이 없다.

> …아담이 이르되 하나님이 주셔서 나와 함께 있게 하신 여자 그가 그 나무 열매를 내게 주므로 내가 먹었나이다. 여호와 하나님이 여자에게 이르시되 네가 어찌하여 이렇게 하였느냐, 여자가 이르되 뱀이 나를 꾀므로 내가 먹었나이다. 〈창3:12~13〉

43. 아가씨와 거울

공주병 아가씨가 거울에게 물었다.
"거울아, 거울아! 이 세상에서 누가 제일 예쁘니?"
그러자 거울이 대답했다.
"울렁거린다. 그만 좀 해라!"
지나가던 목사님이 창문 너머로 이걸 보시고 한마디 하셨다.

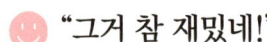 "그거 참 재밌네!"

> …누구든지 말씀을 듣고 행하지 아니하면 그는 거울로 자기의 생긴 얼굴을 보는 사람과 같아서, 제 자신을 보고 가서 그 모습이 어떠했는지를 곧 잊어버리거니와, 자유롭게 하는 온전한 율법을 들여다보고 있는 자는 듣고 잊어버리는 자가 아니요 실천하는 자니 이 사람은 그 행하는 일에 복을 받으리라. 〈약1:23~25〉

44. 과거형과 현재형

어느 교회 초등부에서 젊은 여선생님이 아이들에게 물었다.
"여러분, '나는 공주였다'는 과거형이죠?"
아이들이 일제히 대답했다.
"네!"
여선생님이 아이들에게 다시 물었다.
"그럼, '나는 공주다'는 뭐죠?"
그러자 아이들이 일제히 큰 소리로 대답했다.

 "착각요!"

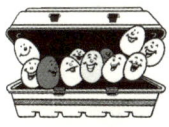

…또 그들이 나를 향하여 입을 크게 벌리고 하하 우리가 목격하였다 하나이다. 여호와여 주께서 이를 보셨사오니 잠잠하지 마옵소서, 주여 나를 멀리하지 마옵소서. 나의 하나님, 나의 주여 떨치고 깨셔서 나를 공판하시며 나의 송사를 다스리소서. 〈시35:21~23〉

45. 아내의 처방

일요일 아침, 교회에 나온 어떤 아주머니가 성경책을 꺼내려고 가방을 열었는데, 그 속에 성경책과 함께 TV 리모컨이 보였다. 옆에 있던 다른 아주머니가 의아해서 물었다.
"자매님, 교회 나오는데 TV 리모컨은 왜 가지고 나오셨어요?"
그러자 아주머니가 대답했다.

😊 "남편한테 교회 같이 가자고 하는데도 안 따라나서기에 가지고 온 거예요!"

> …남편들아, 이와 같이 지식을 따라 너희 아내와 동거하고 그를 더 연약한 그릇이요 또 생명의 은혜를 함께 이어받을 자로 알아 귀히 여기라. 이는 너희 기도가 막히지 아니하게 하려 함이라. 〈벧전3:7〉

46. 아담과 하와의 복수

어느 공원에 아담과 하와의 동상이 있었다. 그것은 수십 년 전에 만들어진 것으로 그들은 오랜 동안 서로 마주보고 있었다. 어느 날, 하나님께서 그들을 긍휼히 여겨 단 10분 동안만이라도 살아있는 인간이 되게 해주려고 이렇게 말씀하셨다.

"내가 10분 동안 그대들을 살아있는 인간이 되게 해줄 테니, 짧은 시간이지만 그동안 너희들이 가장 하고 싶었던 것을 하여라."

이렇게 해서 하나님이 동상의 코에 생기를 불어넣자마자 그들은 살아났고, 동시에 쏜살같이 숲속으로 달려갔다. 그리고 잠시 후 나뭇잎이 마구 흔들리면서 괴성이 들려왔다. 하나님은 그들이 과연 무슨 짓을 하는지 궁금했다. 그래서 슬그머니 숲속을 들여다보았다. 그랬더니 두 사람은 각자 비둘기 한 마리씩을 잡아놓고 그 머리 위에다 용변을 보면서 이렇게 소리치고 있었다.

☺ "이 놈들아, 니들도 한번 당해봐라!"

…아람 사람이 사마리아를 에워싸므로 성중이 크게 주려서 나귀 머리 하나에 은 팔십 세겔이요 비둘기 똥 사분의 일 갑에 은 다섯 세겔이라 하니, 이스라엘 왕이 성위로 지나갈 때에 한 여인이 외쳐 이르되 나의 주 왕이여 도우소서. 〈왕하6:25〉

47. 인구 문제

목사님과 생물학자가 지구의 인구 폭발 문제에 대해 이야기를 나누고 있었다. 목사님이 걱정했다.
"이런 식으로 인구가 증가하다가는 지구엔 사람이 누울 자리도 없게 될 것입니다."
그러자 생물학자가 대답했다.
"그렇지만 그렇게 되면 인구 문제는 자동적으로 해결 될 겁니다."
목사님이 의아해서 물었다.

"자동적으로 해결되다니 그게 무슨 말이죠?"
그러자 생물학자가 대답했다.

😊 "생각해 보세요, 누울 자리가 없는데 어떻게 아이가 만들어지겠어요?"

> …하나님이 그들에게 복을 주시며 하나님이 그들에게 이르시되 생육하고 번성하여 땅에 충만하라. 땅을 정복하라. 바다의 물고기와 하늘의 새와 땅에 움직이는 모든 생물을 다스리라 하시니라. 〈창1:28〉

48. 자선

장거리 운행을 하는 버스 안에서 갑작스러운 일이 발생했다. 산모가 진통을 시작해서 분민을 하려는 것이었다. 너무 급한지라 버스에 탄 부인네들이 산모의 시중을 들게 되었고, 마침내 갓난아기의 힘찬 울음소리가 버스 안에 울려 퍼졌다.

동승한 승객들은 모두 기뻐하며 저마다 갓 태어난 생명과 산모에게 축하의 말을 건넸다. 이어 자신을 신학대학교 학생이라고 신분을 밝힌 한 젊은이가 모자를 돌리기 시작해서 아기를 위한 즉석 모금이 전개된 것이다.

버스 운전사는 승객들의 따뜻한 인정에 감격했다. 그래서 자신도 가만히 있을 수만은 없어 헌금을 하려는데, 마침 지갑을 집에 두고 와 수중에 돈이 없었다. 하는 수 없이 그는 뒤를 돌아보며 산모에게 한마디 했다.

😊 "부인, 3세 이하의 어린아이에게는 이 버스의 요금을 무료로 하겠습니다!"

…마음이 지혜로운 자가 명철하다 일컬음을 받고, 입이 선한 자가 남의 학식을 더하게 하느니라. 〈잠 16:21〉

49. 사랑자동판매기 사용설명서

1. ───────────────────────

값비싼 물건이오니 함부로 만지거나 파손될 행위는 삼가 주십시오.

2. ───────────────────────

마음이 불량한 사람은 고액의 지폐를 넣어도 원하시는 제품이 나오질 않습니다.

3. ───────────────────────

투입된 영혼이 오염된 경우에는 저장된 진실이 손상되어 아름다운 사랑이 나오질 않습니다.

4. ─────────────────────
장난삼아 또는 나쁜 목적으로 감정을 투입하면, 기기가 영원히 작동되지 않을 수도 있으니 유의하시기 바랍니다.

5. ─────────────────────
😊 마음이 예쁘거나 진실한 사람들만을 위해 설치된 것이오니, 이왕이면 동전이나 지폐를 넣지 마시고 건강한 마음과 청결한 영혼을 넣으십시오. 그러면 기쁨과 행복으로 포장된 따뜻한 사랑이 나옵니다.

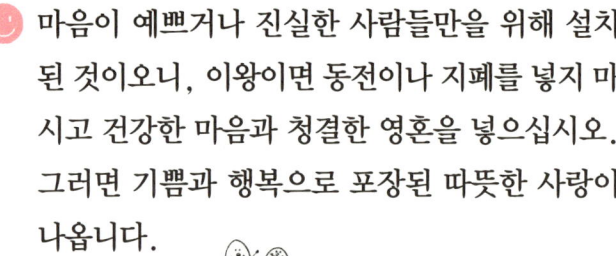

…내가 명령으로 하는 말이 아니요, 오직 다른 이들의 간절함을 가지고 너희의 사랑의 진실함을 증명코자 함이로라. 〈고후 8:8〉

50. 돈 나무

시골에 사는 어떤 목사님 부인은 대도시에서 대학에 다니고 있는 딸을 두고 있었다. 그런데 그 딸은 돈을 매우 헤프게 썼다. 목사님 부인이 목사님과 상의하자 목사님은 이렇게 말했다.
"다 큰 딸이니 당신이 은근히 나무라는 게 좋겠어요."
그래서 목사님 부인은 딸의 요청에 따라 돈을 송금하고 나서, 은근히 나무라기 위해 다음과 같이 핸드폰 문자를 보냈다.

"사랑하는 딸아, 뒷마당의 돈 나무에서 돈잎이 자꾸 떨어지는구나!"
그러자 딸에게서 온 핸드폰 문자의 답신은 이러했다.

😊 "엄마, 그 돈 나무에 물 좀 주세요!"

> 우리 아들들은 어리다가 장성한 나무들과 같으며, 우리 딸들은 궁전의 양식대로 아름답게 다듬은 모퉁잇돌들과 같으며, 우리의 곳간에는 백곡이 가득하며, 우리의 양은 들에서 천천과 만만으로 번성하며 〈시144:12~13〉

51. 이빨 교정

고등학교 2학년인 에스더는 치아기 너무 못생겨서 친구들에게 자주 놀림을 받았다. 견디다 못한 그녀가 엄마에게 졸랐다.

"엄마, 이빨 교정 좀 해줘요. 이빨이 못생겼다고 친구들이 자꾸만 놀린단 말예요."

그러자 엄마가 대답했다.

"얘, 이빨 교정을 하려면 2백만 원도 넘게 들어. 그건 너무 비싸!"

엄마의 말에 에스더는 속이 상해서 이렇게 투덜댔다.

"그럼 어떡해? 이게 다 엄마 때문이야. 엄마가 날 이렇게 낳았잖아!"
그러자 엄마가 던진 한 마디에 에스더는 그만 KO패를 당하고 말았다.

:
:
:
:
:

😊 "얘, 내가 널 낳았을 땐 이빨이 없었다.
그건 니가 만든 거다!"

> …오직 주께서 나를 모태에서 나오게 하시고, 내 어머니의 젖을 먹을 때에 의지하게 하셨나이다. 내가 날 때부터 주께 맡긴바 되었고, 모태에서 나올 때부터 주는 나의 하나님이 되셨나이다. 〈시22:9~10〉

52. 어떤 삼각관계

젊은 목사님은 나이든 어머니를 모시고 사는 효자였다. 그런데 어머니는 매주 예배시간 때마다 예배낭 맨 앞자리에 앉아 있다가 설교를 시작하기만하면 곧 졸기 때문에 교인들 보기에 덕이 되질 않았다.

그러던 어느 날, 목사님은 유치원 다니는 아들을 불러서 말했다.

"아들아, 너 주일날 예배 때마다 할머니 옆에 앉아 있다가 할머니가 조시면 얼른 깨워드려라. 그러면 내가 매주 5천 원씩 주마!"

아들은 신이 나서 즉시 그러겠다고 대답했고, 목사님은 이제 신경 쓰이는 일이 해결된 듯싶어 만족해했다.
그런데 몇 주가 흐른 어느 주일날 예배시간에 할머니가 조는데도 아들은 할머니를 깨우지 않았다.
예배가 끝난 뒤, 목사님이 아들을 불러서 물었다.
"아들아, 너 왜 오늘은 할머니가 조시는데도 깨우지 않았지?"
그러자 아들이 대답했다.

😊 **"할머니가 깨우지 않으면 만 원씩 준다고 했거든요!"**

…예수께서 우리를 위하여 죽으사 우리로 하여금 깨어 있든지 자든지 자기와 함께 살게 하려 하셨느니라, 그러므로 피차 권면하고 서로 덕을 세우기를 너희가 하는 것 같이 하라. 〈살전5:10~11〉

53. 왼팔 오른팔

주일학교 유치부 교실에서 목사님이 아이들에게 새로 임명된 여선생님을 소개하려는데 아이들이 너무 떠드는 바람에 제대로 말을 할 수가 없었다. 그래서 목사님은 아이들을 향해 큰 소리로 말했다.
"여기 이 분은 왼쪽 팔이 하나 밖에 없습니다!"
그러자 그 순간, 아이들은 물을 끼얹은 듯 조용해졌고 신임 여선생님도 당황했다. 그때 목사님은 이어서 이렇게 말했다.

😊 "그리고 오른쪽 팔도 하나 밖에 없습니다!"

> …미쁘다 이 말이여, 곧 사람이 감독의 직분을 얻으려 함은 선한 일을 사모하는 것이라 함이로다. 〈딤전3:1〉

54. 공범

목사님이 동네 골목길을 가다가 키가 작은 한 꼬마 애가 초인종을 누르려고 애쓰는 걸 보았다. 그 꼬마 애는 키가 너무 작아 까치발을 했지만, 그래도 버튼에 손이 닿질 않아 낑낑대고 있었다.

목사님은 꼬마에게 다가가 그를 번쩍 안아 올려, 손을 잡고 초인종을 아주 길게 눌러 주었다. 그런 다음, 꼬마 애를 내려놓고 나서 친절하게 물어 보았다.

"애야, 이제 됐니? 내가 또 도와줄 건 없을까?"

그러자 꼬마 애가 다급하게 말했다.

:
:

😊 "아저씨, 이제 빨리 도망가야 해요!"

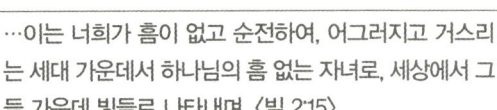

> …이는 너희가 흠이 없고 순전하여, 어그러지고 거스르는 세대 가운데서 하나님의 흠 없는 자녀로, 세상에서 그들 가운데 빛들로 나타내며. 〈빌 2:15〉

55. 한나의 대답

주일학교 여선생님이 유치부 아이들에게 말했다.
"여러분, 조금 있다가 목사님이 오실 거예요. 여러분이 그동안 무엇을 배웠는지 목사님이 물어보실 건데, 그때 당황하지 말고 배운 대로 잘 대답하세요."
아이들이 일제히 '네, 선생님!'하고 힘차게 대답했다. 이어서 선생님은 맨 앞에 앉은 요한이에게 당부했다.
"요한아, 만약 목사님이 '너는 누가 창조했지?'하고 물으시면 '하나님이요'하고 대답하는 거야. 알겠지?"
요한이는 고개를 끄덕였다. 그런데 갑자기 화장실이 가고 싶어진 요한이가 선생님께 물었다.
"선생님, 화장실 가도 돼요?"
선생님은 시계를 보면서 말했다.
"그럼, 목사님 오시기 전에 얼른 다녀오너라."
그런데 요한이가 화장실로 달려간 뒤에 목사님이 교실로 들어오셨다. 아이들과 인사를 나눈 목사님이 맨 앞에 앉은 한나에게 물었다.

"애야, 너는 누가 창조했지?"
그러자 한나가 대답했다.
"우리 엄마하고 아빠가요."
목사님이 다시 물었다.
"그래?… 하나님이 창조하신 게 아니고?"
그러자 한나가 대답했다.

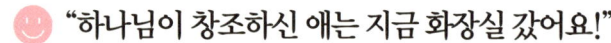 "하나님이 창조하신 애는 지금 화장실 갔어요!"

> …비에게 아비가 있느냐, 이슬방울은 누가 낳았느냐, 얼음은 누구의 태에서 났느냐, 공중의 서리는 누가 낳았느냐. 〈욥38:28~29〉

56. 경고문 댓글

어느 시골 교회의 뒤뜰에 동네에서 제일 큰 사과나무가 있었다. 그런데 수확기가 되면 동네 아이들이 몰래 담을 넘어와 사과를 따가기가 일쑤였다. 교회 관리 집사는 더 이상 놔둘 수가 없어서 사과나무 밑동에 커다란 글씨로 다음과 같은 경고문을 써 붙였다.
"하나님이 다 보고 계신다!"
다음날 아침, 관리 집사는 사과나무를 살피기 위해 뒤뜰로 나갔다. 그런데 붙여놓은 경고문 밑에 자기가 쓴 경고문보다 더 큰 글씨로 다음과 같은 댓글이 붙여져 있었다.

☺ "그러나 하나님은 고자질은 안 하신다!"

> …이와 같이 좋은 나무마다 아름다운 열매를 맺고 못된 나무가 나쁜 열매를 맺나니, 좋은 나무가 나쁜 열매를 맺을 수 없고 못된 나무가 아름다운 열매를 맺을 수 없느니라. 〈마7:17~18〉

57. 요한이의 대답

주일학교 선생님이 아이들에게 말했다.
"얘들아, 천당 가고 싶은 사람 손 들어봐."
그러자 모든 아이들이 손을 번쩍 들었는데, 요한이 만은 손을 들지 않았다.
선생님이 물었다.
"요한이는 천당 가기 싫어?"
그러자 요한이가 대답했다.

😊 "엄마가 교회 끝나면 딴 데 가지 말고 곧장 집으로 오랬어요!"

> …이르시되 진실로 너희에게 이르노니 너희가 돌이켜 어린 아이들과 같이 되지 아니하면 결단코 천국에 들어가지 못하리라. 〈마18:3〉

Christian Humor Touch
There will be a blessing to those who spread laughter!

chapter 2 은혜

해와 해바라기

수완을 따라 성공자가 되지 아니하며 수입을 따라 부자가 되지 아니하며 지략을 따라 권세가가 되지 아니하나니, 이는 해바라기를 따라 해가 돌지 아니함과 같음이며, 다 지으신 이의 권세 아래 있느니라.

01. 아이의 선택

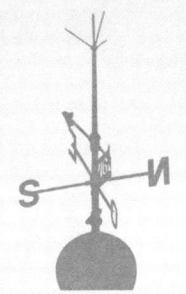

엄마가 여섯 살 난 아들을 교회에 보내면서 말했다.
"이거 5백 원은 헌금하고, 5백 원은 아이스크림 사먹어.
알았지?"
아들은 어깨에 가방을 메고, 5백 원짜리 동전 두 개를 꼭
움켜쥐고는 집을 나섰다.
그런데 신나게 달려가다가 그만 돌부리에 걸려 넘어지는
바람에 움켜쥐고 있던 동전을 놓쳐버렸다. 다행히 동전 하
나는 옆에 떨어지고, 다른 하나는 데굴데굴 굴러가 하수

도 구멍에 쏙 들어가 버렸다. 어린 아들은 바지를 툭툭 털고 일어나면서 혼자 중얼거렸다.

:
:
:

😊 "하나님, 죄송해요. 헌금할 돈이 그만 하수도 구멍에 빠지고 말았어요!"

> …예수께서 그 어린아이들을 불러 가까이하시고 이르시되, 어린아이들이 내게 오는 것을 용납하고 금하지 말라. 하나님의 나라가 이런 자의 것이니라. 〈눅 18:16〉

02. 작정

사순절을 앞두고 아빠가 어린 아들에게 말했다.
"아들아, 사순절이 시작되었으니 너도 이제 뭔가 작정을 해야 하지 않겠니? 아빠가 보기에 너는 이번 기회에 사탕 좋아하는 습관을 고쳤으면 좋겠다."
그러자 아들이 아빠한테 물었다.
"그럼, 아빤 이번 기회에 뭘 고치기로 하셨는데요?"
"응, 아빤 앞으로 독한 술은 안마시기로 했어."

"그러세요? 그런데 왜 아까 저녁 드실 때는 술을 드셨어요?"
"응, 그건 약한 술을 반주로 한잔 한 거란다."
그러자 아들이 이렇게 대답했다.

:
:

😊 "알았어요 아빠, 그럼 저도 앞으로는 약한 사탕을 한 개씩만 먹을 게요!"

…어떻게 우리를 본받아야 할 것을 너희가 스스로 아나니, 우리가 너희 가운데서 규모 없이 행하지 아니하며. 〈살후 3:7〉
---

03. 하나님의 소재

여덟 살과 여섯 살 난 두 아들에게 시달리던 부부가 생각다 못해 엄하기로 소문난 목사님을 찾아가 아이들의 버릇을 좀 고쳐달라고 부탁했다.

다음 날, 그 집을 방문한 목사님은 아이들에게 하나님의 존재를 설명하면서, 못된 버릇도 고쳐야겠다고 생각했다. 그래서 먼저 동생을 방으로 불러들여 두 눈을 부릅뜨고 물었다.

"하나님이 어디 계시지?"

그러나 목사님의 엄한 질문에도 동생은 아랑곳하지 않고 멀뚱멀뚱 쳐다보기만 했다. 목사님은 자세를 가다듬고 다시 한 번 위엄 있는 목소리로 물었다.

"하나님이 어디 계시냐구?"

그래도 동생은 여전히 딴전을 피우면서 모르겠다는 시늉을 했다. 목사님은 동생의 기를 완전히 꺾어 버려야겠다는 생각에, 방이 떠나갈 만큼 우렁찬 목소리로 물었다.
"하나님이 어디 계시는지 어서 말해봐!"
그러자 동생은 갑자기 벌떡 일어나더니, 옆방으로 달려갔다. 그리고 형에게 말했다.

🙂 "형, 큰일 났어! 하나님이 없어졌는데, 목사님은 우리가 숨긴 줄 알고 있어!"

…하나님도 하나이시니, 곧 만유의 아버지시라. 만유 위에 계시고 만유를 통일하시고 만유 가운데 계시도다. 〈엡 4:6〉

04. 거짓말

다섯 살 난 어린 아들이 거짓말을 한다는 것을 알게 된 엄마는 큰 충격에 빠졌다. 그래서 고민 끝에 아들 녀석을 무릎위에 올려놓고, 거짓말을 하면 어떻게 되는지 똑똑히 설명했다.

"너 거짓말을 하게 되면 어떻게 되는지 알아? 새빨간 눈에 뿔이 두개 달린 괴물이 밤에 몰래 찾아와서 잡아가는 거야. 그리고 잡아간 아이들을 불이 활활 타는 골짜기에 가둬놓고 힘든 일을 시켜. 그래도 너 거짓말을 할 테야?"

그러자 아들이 풀죽은 목소리로 대답했다.

☺ "알았어요. 근데 엄만 나보다 거짓말을
　 더 잘하네 뭐!"

…이로 보건대 사람이 행함으로 의롭다 하심을 받고, 믿음으로만 아니니라.〈약 2:24〉

05. 선생님과 벌

주일학교 선생님이 어린이들에게 말했다.
"어린이 여러분! 예수님을 믿는 우리는 함부로 흥분을 하거나, 욕을 하거나, 성을 내서는 안 됩니다. 알겠죠?"
그런데 바로 그 때, 파리 한 마리가 '윙~' 하고 날아와서 선생님의 콧등에 앉았다.
"자아, 예를 하나 들어보겠습니다. 지금 선생님 코 위에 파리 한 마리가 앉아 있지요? 믿지 않는 사람들은 파리에게 막 성을 낼 테지만, 우리는 그렇게 해서는 안 됩니다. 우리는 그냥 파리야 가거라. …?

😊 **아이구머니나! 이거 벌 아니야?
망할 놈의 벌 같으니라구!"**

아이들은 선생님의 행동에 폭소를 터뜨렸고, 선생님은 그날 벌에게 쏘여 콧등이 퉁퉁 부었다.

> …내가 내 자녀들이 진리 안에서 행한다 함을 듣는 것보다 더 즐거움이 없도다. 〈요삼 1:4〉

06. 여리고성

어느 교회의 목사님은 매우 근엄한 분이었다. 그 목사님은 평소 농담을 하는 일이 거의 없고, 주일학교 어린이들과 얘기할 때도 근엄함이 몸에 배어 야단을 치는 듯 말하곤 했다.

어느 주일날 아침, 목사님이 아이들의 학습 상태를 점검하기 위해 주일학교에 들렀다. 한 어린이가 스케치북에 뭔가 열심히 그리고 있었는데, 그 모습이 너무나 진지해서 목사님은 가까이 다가가서 근엄하게 물었다.

"애야, 넌 뭘 그리고 있는 거냐?"

그러자 그 아이가 잔뜩 겁을 먹으면서 대답했다.

"예, 전 여리고성을 그리고 있어요."
목사님이 기특해서 다시 물었다.
"그래?… 그럼 여리고성을 누가 무너뜨렸지?"
그러자 그 아이는 더욱 겁을 먹으면서 대답했다.
"목사님, 제가 안 그랬어요!"
아이의 예상치 못한 대답에 목사님은 당황했다.
"너는 그냥 누가 그랬는지 말만하면 돼. 여리고성을 누가 무너뜨렸지?"
그러자 어린이는 울음을 터뜨리며 대답했다.
"정말이에요. 제가 안 그랬어요!"
이때 주일학교 여선생님이 교실로 들어오면서 물었다.
"목사님, 이 애가 무슨 잘못이라도 했나요? 제가 야단을 치겠습니다."
목사님은 어이가 없기도 하고 난감하기도 했다. 그래서 말했다.
"난 단지 누가 여리고 성을 무너뜨렸는지 물어봤을 뿐이에요."
그러자 주일학교 여선생님이 아이를 두둔하며 말했다.
"목사님, 이 아이는 절대 그런 짓 할 아이가 아닙니다. 제가 이 아이를 잘 알아요."

목사님은 더욱 기가 막혔다. 그래서 주일학교 교감을 불러서 물었다.
"아니, 어떻게 지도를 했기에 하나같이 여리고성을 누가 무너뜨렸는지도 모릅니까?"
그러자 주일학교 교감이 쩔쩔매면서 대답했다.

:
:
:
:
:

😊 "목사님, 뭔가 무너진 것 같긴 한데
　　제가 다시 쌓을 테니 걱정 마십시오!"

> …이는 그들로 마음에 위안을 받고 사랑 안에서 연합하여 확실한 이해의 모든 풍성함과 하나님의 비밀인 그리스도를 깨닫게 하려 함이니, 그 안에는 지혜와 지식의 모든 보화가 감추어져 있느니라. 〈골2:2~3〉

07. 10분과 20분

날씨가 몹시 무더운 여름 주일날 아침에 엄마가 어린 아들과 함께 교회에 가고 있었다. 그런데 아들이 걸어가면서 자꾸만 장난을 치는 바람에 시간이 계속 지체됐다. 급기야 화가 난 엄마가 짜증을 내며 아들에게 말했다.
"지랄하지 말고 빨리 좀 가자!"
드디어 교회에 도착하니, 목사님이 교회 문 앞에서 성도들을 맞이하고 계셨다. 목사님은 더운 날씨에도 불구하고 엄마를 따라 교회에 나오는 어린 아이가 기특해서 아이의 머리를 쓰다듬어 주며 물었다.
"집에서 교회까지 오는데 얼마나 걸리니?"
그러자 아이가 이렇게 대답했다.

😊 "그냥 오면 10분 걸리구요, 지랄하면서 오면 20분 걸려요!"

> …자유롭게 하는 온전한 율법을 들여다보고 있는 자는 듣고 잊어버리는 자가 아니요 실천하는 자니 이 사람은 그 행하는 일에 복을 받으리라. 누구든지 스스로 경건하다 생각하며 자기 혀를 재갈 물리지 아니하고 자기 마음을 속이면 이 사람의 경건은 헛것이라. 〈약 1:25~26〉

08. 이름이 두 개

다섯 살짜리 어린아이 둘이 서로 자랑을 했다. 한 아이가 말했다.
"우리 이모는 이름이 두 개야. 하나는 수잔이고, 다른 하나는 에스더야!"
그러자 다른 아이도 이에 질세라 이렇게 자랑했다.

😊 "우리 이모도 이름이 두 개야. 하나는 마리아이고, 다른 하나는 처제야!"

…내가 지을 새 하늘과 새 땅이 내 앞에 항상 있는 것 같이 너희 자손과 너희 이름이 항상 있으리라 여호와의 말이니라. 〈사66:22〉

09. 맹랑한 아들

초등학교 3학년짜리 아들을 둔 목사님이 있었다. 그 목사님은 아들이 늘 시험점수를 50점 미만으로만 받아 오자 아들에게 말했다.
"다음번 시험에서 80점 이상 받아 오면, 상으로 용돈 3만 원을 주마."
그로부터 한 달 뒤, 아들이 학교에서 목사님께 전화를 했다.

"아빠, 좋은 소식이 있어요!"
"뭔데?"
"지난번에 아빠가 이번 시험에서 80점 이상 받아오면 용돈 3만 원을 주시기로 했잖아요?"
"그랬지…"

"그 돈 아빠가 쓰세요!"

> …초달을 차마 못하는 자는 그 자식을 미워함이라. 자식을 사랑하는 자는 근실히 징계하느니라. 〈잠 13:24〉

10. 엄마 호떡의 처방

밀가루반죽 통 안에 엄마 호떡과 아기 호떡이 살고 있었다. 어느 날, 엄마 호떡은 히브리서 6장 13절부터 15절까지를 읽고 큰 감명을 받았다. 거기에는 아브라함이 오래 참아 하나님으로부터 큰 축복을 받았다는 내용이 기록되어 있었다.

그날 저녁, 아기 호떡이 뜨거운 구이 판에 들어갔다. 아기 호떡은 즉시 소리쳤다.

"엄마, 나 뜨거워!"

그러자 엄마 호떡이 잘라 말했다.

"참아라, 하나님이 복을 주실 거다."

잠시 후, 아기 호떡이 다시 소리쳤다.
"엄마, 정말 뜨거워. 나 못 참겠어!"
그래도 엄마 호떡은 냉정하게 말했다.
"참아야 하느니라!"
잠시 후, 아기 호떡은 몸을 비비 꼬면서 소리쳤다.
"엄마, 살려줘요. 나 정말 더 이상 못 참겠어요!"
그러자 엄마 호떡이 큰 소리로 말했다.

😊 "그럼, 뒤집어!"

> …하나님이 아브라함에게 약속하실 때에 가리켜 맹세할 자가 자기보다 더 큰 이가 없으므로 자기를 가리켜 맹세하여, 이르시되 내가 반드시 너에게 복 주고 복 주며 너를 번성하게 하고 번성하게 하리라 하셨더니, 그가 이같이 오래 참아 약속을 받았느니라. 〈히6:13~15〉

11. 인간의 수명과 생활

1. 소

하나님께서 소를 만든 뒤 말씀하셨다.
"너는 60년을 살되, 인간들을 위해 평생 일을 하거라."
그러자 소가 하나님께 간청했다.
"하나님, 고된 노동을 하기에 60년은 너무 긴 세월입니다. 저는 30년은 버리고 30년만 살겠습니다."
하나님께서 이를 허락하셨고, 그래서 소의 수명은 30년이 되었다.

2. 개

다음으로 하나님께서 개를 만든 뒤 말씀하셨다.
"너는 30년을 살되, 인간들을 위해 평생 집을 지켜라."
그러자 개가 하나님께 간청했다.
"하나님, 허구한 날 집이나 지키고 있기에 30년은 너무 따분한 시간입니다. 저는 15년은 버리고 15년만 살겠습니다."
하나님께서 이를 허락하셨고, 그래서 개의 수명은 15년이 되었다.

3. 원숭이

다음으로 하나님께서 원숭이를 만든 뒤 말씀하셨다.

"너는 30년을 살되, 인간들을 위해 평생 재롱을 떨어라."

그러자 원숭이가 하나님께 간청했다.

"하나님, 인간들을 위해 재롱을 떨기에 30년은 너무 지겨운 시간입니다. 저는 15년은 버리고 15년만 살겠습니다."

하나님께서 이를 허락하셨고, 그래서 원숭이의 수명은 15년이 되었다.

4. 인간

마지막으로 하나님께서 인간을 만든 뒤 말씀하셨다.

"너는 25년을 살되, 대신 생각할 수 있는 능력을 주겠다."

그러자 인간이 하나님께 항변했다.

"하나님, 25년은 너무 짧습니다. 아무것도 모르는 아기로 태어나서 철이 드는 청년으로 자라기까지 25년을 빼면 진짜 인생은 하나도 없는 겁니다."

이에 하나님께서 말씀하셨다.

"공평하다. 대신 너에게는 생각하는 능력을 주지 않느냐? 그리고 이제 다 나누어 주었기 때문에 내가 가진 수명 여분이 없다."

그러자 인간이 하나님께 간청했다.

"그럼, 소가 버린 30년과, 개가 버린 15년과, 원숭이가 버린 15년을 다 저에게 주십시오."

하나님께서 이를 허락하셨고, 그래서 인간의 수명은 85년이 되었다.

😊 그래서 인간은 원래 주어진 25년, 즉 25세까지는 그냥 성장하면서 살고, 소가 버린 30년, 즉 26세부터 55세까지는 일만하며 살고, 개가 버린 15년, 즉 56세부터 70세까지는 퇴직해서 집을 지키며 살고, 원숭이가 버린 15년, 즉 71세부터 85세까지는 자식들과 손자·손녀들 앞에서 재롱을 떨면서 산다.

…나 지혜로 말미암아 네 날이 많아질 것이요, 네 생명의 해가 더하리라.〈잠 9:11〉

12. 교회를 가야만 하는 이유

그날도 40대 아들은 노모에게 교회에 가기 싫다고 투정을 부렸다.
"어머니, 저는 정말 교회에 가기 싫어요!"
그러자 어머니가 아들에게 물었다.
"어째서?… 어째서 가기 싫다는 거지?"
아들이 작정한 듯 대답했다.
"제가 교회에 가기 싫은 이유 세 가지를 대겠습니다. 첫째는 아침에 일찍 일어나야 하는 것이 싫고, 둘째는 마음에 상처 입은 사람들을 봐야 하는 것이 싫고, 셋째는 장로님 대표기도가 너무 길어서 싫습니다."
그러자 노모가 단호하게 말했다.
"그럼 나는 네가 교회에 가야만 하는 이유 세 가지를 대겠다. 첫째 우리가 교회에 모여 예배드리는 것은 하나님의 명령이고, 둘째 예배는 예수님께서 우리를 구원하여 주신 것에 대한 보답이고, 셋째 너는 교회의 담임목사이기 때문이다. 알겠냐?"

> …그러므로 형제들아 내가 하나님의 모든 자비하심으로 너희를 권하노니 너희 몸을 하나님이 기뻐하시는 거룩한 산 제물로 드리라 이는 너희가 드릴 영적 예배니라. 〈롬 12:1〉

13. 범인

어느 시골 교회에서 주일예배 시간에 목사님이 잔뜩 화가 난 얼굴로, 커다란 오이 하나를 높이 쳐들어 보이면서 말했다.
"어두운 암흑의 권세가 인간들을 뒤덮고 있습니다. 오늘 아침 우리 교회 텃밭에서 가장 크고 잘 익은 오이 세 개를 도둑맞았습니다. 그러나 나는 그게 누구의 짓인지 잘 알고 있습니다. 나는 여기서 그 도둑의 이름을 부르고, 이 오이를 그 자에게 던질 것입니다."

그러면서 목사님이 위협적으로 오이를 머리위로 빙빙 돌렸다.
그러자 맨 앞에서 세 번째 줄에 앉아있던 한 여자의 날카로운 목소리가 들려왔다.

 "여보, 엎드려욧!"

…의인의 열매는 생명나무라, 지혜로운 자는 사람을 얻느니라. 〈잠 11:30〉
---

14. 목사님의 재치

어느 교회 목사님이 설교 도중 큰 실수를 저지르고 말았다.
"니고데모는 신분이 세리였고 키가 작은 사람이었습니다. 그런데 그는 예수님을 몹시 보고 싶어 했습니다."
그러자 설교를 듣던 성도들이 수군거리기 시작했다. 목사님은 자기 설교가 은혜가 있어 그런 줄 알고 더 큰 소리로 말했다.
"어느 날, 예수님이 니고데모가 사는 동네에 오셨습니다. 니고데모는 예수님이 보고 싶어 나아갔지만, 키가 작아 볼 수가 없자 뽕나무 위로 올라갔습니다."
설교가 이쯤 되자 성도들이 '와~'하고 웃어버렸다. 그때서야 자기 실수를 알아차린 목사님은 얼굴이 화끈 달아오르며 당황하였다. 하지만 목사님은 얼른 자세를 가다듬고 이렇게 재치를 발휘했다.

　·
　·
　·
　·
　·
　·
　·

😊 "그때 삭개오가 나타나 이렇게 외쳤습니다.
야, 그 자리는 내 자리야. 빨리 내려와!"

…저의 역사로 말미암아 사랑 안에서 가장 귀히 여기며 너희끼리 화목하라. 〈살전 5:13〉
---

15. 참새와 성도

어느 교회의 성도 한 사람이 늘 입버릇처럼 아담과 이브를 원망했다.
"젠장, 아담과 이브는 왜 선악과를 따먹어서 우리를 이렇게 고생시키는 거야!"
하루 이틀도 아니고 허구한 날 그렇게 하자, 목사님은 그 성도의 험한 입을 좀 다물게 하기 위해 한 가지 방법을 생각해 냈다.

어느 날, 목사님은 그 성도와 다른 교인들을 자기 집으로 초청했다. 그러면서 그 성도에게는 일부러 6시에 오라하고, 다른 교인들은 7시에 오라고 했다.

초청을 받은 성도는 일찌감치 목사님 댁에 도착했다. 초대상이 잘 차려져 있었고, 음식을 담은 그릇 마다 뚜껑이 덮여져 있었다. 이런저런 이야기를 나누다가 목사님이 자리에서 일어나며 그 성도에게 당부했다.

"성도님, 손님들이 올 시간이 돼서 잠시 문밖에 나가 보아야겠습니다. 그런데 한 가지 당부 드릴 것은 다른 음식들은 다 뚜껑을 열어보아도 괜찮지만, 여기 이 가운데 것만은 절대 열어보면 안 됩니다. 이것은 손님들이 다 모인 다음에 열어야 합니다."

그렇게 말하고 목사님이 밖으로 나가자, 그 성도는 매우 궁금한 생각이 들었다.

"도대체 뭐가 들어있기에 다른 것은 다 열어보아도 괜찮다면서, 이것만은 열지 말라고 했을까?…"

궁금증을 참지를 못한 그 성도는 결국 가운데 놓인 음식 그릇의 뚜껑을 열어보았다. 그러자 갑자기 그릇 안에 들어있던 참새 한 마리가 밖으로 튀어나와 방안을 이리저리 날아다니기 시작했다. 그 성도는 매우 당황했다. 그래서 참새를 잡으려고 방안을 이리저리 뛰어다녔다. 바로 그 때, 목사님이 방으로 들어오면서 말했다.

😊 "성도님, 아담과 이브도 그렇게 한 겁니다. 아시겠어요?"

> …네가 그 의인을 깨우쳐 범죄치 않게 하므로 그가 범죄치 아니하면 정녕 살리니, 이는 깨우침을 받음이며 너도 네 영혼을 보존하리라. 〈겔 3:21〉

16. 관계

할머니 셋이 교회 앞 벤치에 앉아 이야기를 나누고 있었다. 한 할머니가 말했다.
"어이, 내 어제 목사 양반 얘기를 살짝 엿들었는데, 예수라는 사람이 죽었다카드라."
다른 할머니가 물었다.
"와 죽었다카드노?"
"못에 찔려 죽었다 안카드나?"
"아이구, 내 그눔아 언젠가 사진으로 본 적이 있는데, 머리 풀어 헤치고 다닐 때 벌써 알아봤데이…"
그러자 지금까지 아무 말 하지 않고 있던 다른 할머니가 끼어들었다.
"예수가 누꼬?"
처음 할머니가 대답했다.

:
:
:

😊 "모르제, 우리 며늘아가 '아부지~ 아부지~'
케사이 바깥사돈 아이겠나?"

> …그런즉 이스라엘 온 집이 정녕 알지니, 너희가 십자가에 못 박은 이 예수를 하나님이 주와 그리스도가 되게 하셨느니라 하니라. 〈행 2:36〉

17. 농부와 돼지

어느 교회 목사님이 시골길을 가다가 희한한 광경을 보게 되었다. 한 농부가 끙끙대며 돼지 한 마리를 들어 올려 사과나무에서 사과를 따 먹이고 있는 게 아닌가?… 그 농부는 다른 돼지들도 차례로 들어 올려 사과를 따 먹이느라 땀을 비 오듯 쏟고 있었다.

그렇게 한동안 농부가 애쓰는 모습을 지켜보던 목사님이 그에게 다가가서 조심스럽게 물었다.

"저, 농부님! 나무를 흔들어 사과를 떨어뜨려주면 좀 더 수고가 덜어지지 않을까요?"

그러자 농부가 하던 일을 계속하며 퉁명스럽게 대꾸했다.

 "돼지가 수고는 덜어서 뭐하게요?…"

…저는 자의 다리는 힘없이 달렸나니, 미련한 자의 입의 잠언도 그러하니라. 〈잠 26:7〉

18. 하나님의 군사

어느 주일날, 예배를 마친 목사님이 본당 출구 앞에 서서 교회를 떠나는 교인들과 일일이 악수를 나누었다. 목사님은 교회 출석이 좋지 않은 한 젊은이와 악수를 하게 되자 그에게 말했다.
"형제님, 하나님의 군사가 되어야 합니다."
젊은이가 정색하며 대답했다.
"목사님, 저는 이미 하나님의 군사입니다."

"어 그래요? 그런데 왜 크리스마스와 부활절 날을 제외하고는 볼 수가 없지요?"
그러자 젊은이가 대답했다.

．
．
．
．
．
．

😊 "저는 특수부대 비밀요원이거든요!"

…군사로 다니는 자는 자기 생활에 얽매이는 자가 하나도 없나니, 이는 군사로 모집한 자를 기쁘게 하려 함이라. 〈딤후 2:4〉

---

19. 욕망 절제

어느 신학대학교의 하계수련 캠프에서, 교수님이 학생들에게 절제된 생활과 금욕에 대해 강의했다.
"여러분, 성직자가 되면 저절로 육체적 욕망에서 해방될 수 있을 거라 생각할지 모르나, 결코 그렇지 않습니다. 적절한 식이요법, 즉 육식을 줄여야만 합니다. 대신 신선한 야채를 많이 먹으면 큰 효과를 거둘 수 있을 겁니다."
그날 밤, 한 남학생이 한밤중에 연수원 식당에 들어가 뭔가를 열심히 찾고 있었다. 덜그럭거리는 소리를 듣고 밖으로 나온 주방 아주머니가 그에게 다가가서 물었다.
"학생, 한 밤중에 여기 와서 뭘 찾고 있는 거예요?"
그러자 그 남학생이 다급하게 말했다.

:
:
:
:
:

😊 "아주머니, 신선한 야채 좀 없어요?"

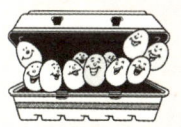

> …청하오니 당신의 종들을 열흘 동안 시험하여 채식을 주어 먹게 하고, 물을 주어 마시게 한 후에… 그들의 얼굴이 더욱 아름답고 살이 더욱 윤택하여 왕의 진미를 먹는 모든 소년보다 나아 보인지라. 〈단: 1:12~15〉

20. 골프와 주일예배

어떤 남자가 일요일 날 친구와 함께 함께 골프를 치러가기로 했다. 그런데 그 친구가 약속시간보다 30분이나 늦게 도착했다. 남자는 화가 나서 친구에게 말했다.
"왜 이렇게 늦은 거야?"
친구가 대답했다.
"사실은 주일예배를 빠진다는 게 너무 부담되는 거야. 그래서 동전을 던져서 앞면이 나오면 교회를 가고, 뒷면이 나오면 골프를 치기로 했지. 그래서 늦은 거야."
"결국 뒷면이 나왔다 이거군?"
그러자 친구가 대답했다.

　　　　　:
　　　　　:
　　　　　:
　　　　　:
　　　　　:
　　　　　:

😊 "아냐, 계속 앞면이 나오더라구. 그래서 뒷면이 나올 때까지 던졌지!"

…아버지께 참으로 예배하는 자들은 신령과 진정으로 예배할 때가 오나니, 곧 이때라. 아버지께서는 이렇게 자기에게 예배하는 자들을 찾으시느니라. 〈요 4:23〉

21. 엉뚱한 열차

한 남자가 퇴근길에 동료들과 함께 술을 마시고 밤늦게 거나하게 취해서 지하철을 타긴 했지만, 엉뚱한 열차에 오르길 벌써 세 번째였다. 다행히 마음씨 착한 어떤 학생이 그를 부축하여 제대로 집에 갈 수 있는 열차를 탈 수 있도록 안내해주었다.

그가 열차를 바꿔 타고 비틀거리며 전동차 의자에 털썩 주저앉자, 옆에 있던 노신사가 그를 긍휼히 바라보면서 한 마디 했다.

"어이구, 이 양반이 지금 잔뜩 취해서 파멸에 이르는 지옥으로 가고 있구먼!"

그러자 그 말을 들은 남자가 눈을 게슴츠레 뜨면서 중얼거렸다.

. . . .

😊 "제기랄, 내가 또 엉뚱한 차를 탔나보군!"

> …내 아들아, 너는 듣고 지혜를 얻어 네 마음을 정로로 인도할지니라… 술 취하고 탐식하는 자는 가난하여질 것이요, 잠자기를 즐겨하는 자는 해어진 옷을 입을 것임이니라. 〈잠 23:19~21〉

22. 당연한 짓

어떤 50대 부인이 목사님을 찾아와서 하소연했다.
"저의 방탕한 자식 놈이 허구한 날 술이나 퍼마시고, 여자들을 밝히고… 아주 못된 짓만 합니다."
다음 날, 목사님이 그 아들을 불러서 야단을 쳤다. 그러자 아들이 이렇게 능청을 떨었다.
"목사님, 저는 아무래도 천성적으로 뭔가 이상이 있나 봐요."

이에 화가 난 목사님이 그에게 소리쳤다.

:
:
:
:
:

😊 "바보 같은 소리 집어치워! 만일 네가 술이나 밝히고 여자들을 퍼마신다면 그건 뭔가 이상이 있는 거겠지만, 네가 하는 짓은 정상이야! 알겠어?"

…너희는 스스로 조심하라. 그렇지 않으면 방탕함과 술 취함과 생활의 염려로 마음이 둔하여지고, 뜻밖에 그 날이 덫과 같이 너희에게 임하리라. 〈눅 21:34〉

---

23. 오, 하나님!

마음씨 음흉한 한 말 장수가 목장에서 말 구경을 하다가 마음에 드는 말을 발견하고는 어떻게든 흠을 잡아 싸게 사고 싶었다. 그래서 주인에게 물었다.
"저기 저 놈은 무슨 종이죠?"
"팔로미노입니다."
목장 주인이 자랑스러운 듯 대답했다.
"내가 보기엔 잘 달릴 것 같지 않은데, 한 번 타 봐도 되겠소?"
"그렇게 하세요. 다만 저 말은 교회에서 키우던 말이라, 출발할 때는 '오, 하나님!'이라 외치고, 멈출 때는 '아멘!'하고 명령해야합니다."
"그 정도야 문제없죠, 한 번 타보겠소."
"부디 조심하시구려!"
말 장수는 이제 어떻게든 말의 흠을 잡아 싸게 살 수 있겠다 생각하고 말의 등에 올라탄 다음, 목장 주인이 시킨 대로 '오, 하나님!'이라고 외쳤다. 그랬더니 정말 신기하게도 말은 힘차게 달리기 시작했다. 그런데 말이 계속 달리자 어느덧 낭떠러지가 보였다. 말 장수는 갑자기 겁이 나서 말을 멈추어야겠다는 생각으로 '스톱, 스톱!' 하고 소리쳤지만, 말은 멈추지 않고 계속 달렸다. 순간, 말 장수는 목장 주인이 한 말이 생각나서 '아멘!' 하고 명령했다. 그랬더니 그때서야 말은 우뚝 멈춰 섰다. 정말 숨 막히는 순간이었다. 한 발자국만 더 나갔어도 수 십 미터 낭떠러지로 추락하고 말았을 터였다. 생각만 해도 아찔했다. 말 장수는 등골이 오싹해짐을 느끼며, 말과 함께 절벽 끝에 서서 이렇게 한숨을 토했다.

"오, 하나님!"

…그 강한 걸음이 곤하여지고, 그 베푼 꾀에 스스로 빠질 것이니. 〈욥 18:8〉

24. 아주 높은 분

교황이 유엔으로부터 새해연설을 해달라는 초청을 받았다. 뉴욕 공항에 도착한 교황은 개인적인 볼일도 있고 해서, 수행원 없이 혼자 리무진 택시를 타기로 했다. 그런데 입국 수속이 지연되는 바람에 예정된 시간에 늦을 판이었다. 택시 기사를 재촉했지만 융통성 없는 택시기사는 제한 속도를 지켜야한다면서, 도무지 빨리 달리지를 않았다.

다급해진 교황은 운전기사를 뒷좌석으로 보내고, 자신이 직접 운전대를 잡았다. 그리고 운전석에 앉자마자 갑자기 엄청난 속도로 유엔본부를 향해 달리기 시작했다. 하지만 도중에 그만 교통경찰에게 잡히고 말았다. 교황을 알아본 교통경찰이 상부에 전화를 걸어 상관에게 보고했다.

"보고드릴 게 있습니다!"

"무슨 일이야?"

"네, 난폭운전을 하는 높은 사람의 차를 세웠는데, 어떻게 처리해야할지 몰라서…"

"높은 사람? 그럼 시장이야?"
"그 보다는 더 높습니다!"
"그럼, 주지사야?"
"아닙니다, 더 거물입니다!"
"주지사 보다 더 거물이라구? 그럼 상원의원?… 설마 대통령은 아니겠지?"
"잘 모르겠습니다만, 대통령각하 이상인 것 같습니다!"
"도대체 무슨 소리야?"

．
．
．
．
．

 "교황이 운전기사라니까요!"

…그러므로 내가 저희에게 비유로 말하기는 저희가 보아도 보지 못하며, 들어도 듣지 못하며, 깨닫지 못함이니라. 〈마 13:13〉

25. 지구 최후의 날

지구에서 벌어지는 온갖 사악한 일 때문에 정이 떨어진 하나님께서 지구를 박살내고 신천지를 만들기로 작정했다. 하나님은 즉각 홍보담당 천사를 불러, 프랑스와 미국 신문사 각 한 군데에 '이틀 뒤에 지구를 박살낼 예정임'을 알려주라는 지시를 내렸다.

다음날 아침…

프랑스의 르몽드지에는 다음과 같은 타이틀의 기사가 실렸다.

"하나님께서 내일 지구를 박살낼 예정임, 파리에 있는 모든 백화점은 일찍 문을 닫도록!"
그리고 미국의 워싱턴포스트지에는 다음과 같은 타이틀의 기사가 실렸다.

"하나님께서 내일 지구를 박살낼 예정임, 미국 변호사협회 하나님을 연방법원에 고발키로!"

…또 말하되, 자! 성과 대를 쌓아 대 꼭대기를 하늘에 닿게 하여 우리 이름을 내고 온 지면에 흩어짐을 면하자, 하였더니. 〈창 11:4〉

26. 아무것도 아닌 사람들

부유층 인사들의 모임에 강사로 초빙된 목사님이 '하나님 앞에서 부자는 정말 아무것도 아니다'라는 요지의 설교를 했다.

그러자 커다란 빌딩을 소유한 부동산임대업자가 자리에서 일어나더니 말했다.

"저는 빈손으로 출발해서 지금은 백억 대의 부자가 되었습니다. 하지만 목사님의 말씀을 듣고 보니 저는 정말 아무것도 아니군요!"

그러자 다른 한 재벌이 자리에서 일어나서 말했다.

"저는 빈손으로 출발해서 지금은 천억 대의 재벌이 되었습니다. 하지만 목사님의 말씀을 듣고 보니 저는 정말 아무것도 아니군요!"

그러자 또 다른 한 고급 공무원이 자리에서 일어나더니 말했다.

"저는 빈손으로 출발해서 지금은 한 달에 천만 원씩 버는 고급 공무원이 되었습니다. 하지만 목사님의 말씀을 듣고 보니 저는 정말 아무것도 아니군요!"

그러자 처음 말한 백억 대의 부동산임대업자가 천억 대의 재벌을 돌아보며 말했다.

:
:
:
:

🙂 "허이구, 저 양반 좀 보슈. 정말 아무 것도 아닌 게 아무 것도 아닌척 하고 싶어 하는군요!"

> …또 다른 사람이 이르되 주여 내가 주를 따르겠나이다 마는 나로 먼저 내 가족을 작별하게 허락하소서, 예수께서 이르시되 손에 쟁기를 잡고 뒤를 돌아보는 자는 하나님의 나라에 합당하지 아니하니라 하시니라. 〈눅 9:61~62〉

27. 전기 요금

어떤 목사님이 교회에 새로 등록한 할머니 댁에 심방을 갔다. 심방예배가 끝난 뒤, 이런 저런 얘기가 오가다가 목사님이 할머니께 요즘 특별히 불편한 건 없냐고 물었다. 이에 할머니는 요즘 전기요금이 너무 많이 나온다며 어찌 된 영문인지 모르겠다고 대답했다. 그러자 옆에 있던 할아버지가 한마디 했다.

"요즘엔 임자가 잠잘 때 전등을 켜놓고 자잖여!"

그러자 할머니가 이렇게 말했다.

"그렇지만 잠잘 땐 늘 창문을 닫고 커튼까지 치는디 전기 회사 사람들이 전등을 켜놓고 자는 걸 워찌 알았을까?"

> …이러므로 너희가 어두운 데서 말한 모든 것이 광명한 데서 들리고, 너희가 골방에서 귀에 대고 말한 것이 지붕 위에서 전파되리라. 〈눅12:3〉

28. 삶의 방식

도시에서 온 어떤 부자가 해변을 거닐다가, 고기잡이배 옆에 드러누워 한가로이 햇볕을 즐기고 있는 어부를 발견하고는 어처구니가 없어서 한마디 했다.
"이봐요 어부양반, 지금 이 금쪽같은 시간에 왜 고기는 안 잡고 빈둥빈둥 놀기만 하는 거요?"
그러자 베드로처럼 인상 좋게 생긴 그 어부가 빙그레 웃으면서 대답했다.
"며칠 먹고 살 만큼 벌어 놨기 때문이오."
"그렇지만 시간 있을 때 많이 벌어놓으면 좋잖소!"
"그래서 뭘 하게요?"

"뭘 하긴?… 돈을 벌어 큰 배를 사고, 그 배로 먼 바다까지 나가서 지금보다 더 많이 고기를 잡으면 나처럼 부자가 될 것 아니오."
"부자가 되서 뭘 하게요?"
"아, 그렇게 되면 편히 누워 한가롭게 삶을 즐길 수 있을 거 아니오!"

😊 "허이구 참 그 양반, 내가 지금 편히 누워 삶을 즐기고 있잖소!"

> …네가 이 세대에 부한 자들을 명하여 마음을 높이지 말고, 정함이 없는 재물에 소망을 두지 말고, 오직 우리에게 모든 것을 후히 주사 누리게 하시는 하나님께 두며. 〈딤전 6:17〉

29. 헌금

제법 큰 음식점을 경영하는 식당 사장님이 종업원과 함께 주일예배에 참석해서 나란히 앉았다. 헌금할 시간이 되자, 사장님은 1만 원을 준비했다. 그런데 옆을 슬쩍 보니 종업원이 5만 원짜리를 들고 있는 것이 아닌가?… 사장님은 속으로 '내가 명색이 사장인데 종업원보다야 헌금을 적게 할 수는 없지' 하면서 지갑을 꺼내 5만 원짜리 두 장을 준비했다.

그러자 이 광경을 슬쩍 훔쳐본 종업원이 속으로 '뭐야, 10만 원?… 그렇다면 내 몫까지 내시겠다는 거잖아?' 하면서, 준비했던 5만 원짜리를 다시 호주머니에 집어넣었다.

…너희가 모든 일에 부요하여 너그럽게 연보를 함은 저희로 우리로 말미암아 하나님께 감사하게 하는 것이라.
〈고후 9:11〉

30. 하나님의 시간

계속해서 사업에 실패한 어느 사업가가 하나님께 기도하면서 여쭈었다.

"하나님, 한 가지 질문이 있사옵니다."

"그래 뭐냐? 말해봐라."

"인간 세상의 1억 년은 하나님께는 얼마나 되는 시간인지요?"

"그야 1초밖에 안 되지."

"그럼 인간 세상의 1억 원은 하나님께는 얼마나 되는 금액인지요?"

"그야 1원 밖에는 안 되지."
"그럼 제게 1원만 주세요!"
"알았다. 얼마 안 되는 금액이니까 주도록 하지."
"하나님, 정말 고맙습니다. 그런데 언제 주실 건가요?"

.
.
.
.
.

😊 "1초만 기다려라!"

그래서 그 사업가는 오늘도 기다리고 있다.

…이 묵시는 정한 때가 있나니, 그 종말이 속히 이르겠고, 결코 거짓되지 아니하리라. 비록 더딜지라도 기다리라. 지체되지 않고 정녕 응하리라. 〈합 2:3〉

31. 생각의 방향

독실한 크리스천인 한 청년이 결혼 승낙을 받기 위해 여자 친구의 부모님을 찾아갔다. 저녁 식사를 마치고 함께 차를 마시면서 여자 친구의 아버지가 청년에게 물었다.
"그래, 자넨 앞으로 어떤 일을 하면서 살 생각인가?…"
그러자 청년이 대답했다.
"네, 전 주의 종이 될 것입니다."
"오~ 주의 종? 그럼 내 딸은 어떻게 먹여 살릴 거지?"
"하나님께서 돌봐 주실 겁니다."
"그래?… 그럼 자식은 누가 키우나?"

"그것도 하나님께서 돌봐 주실 겁니다."
그 후 긴 대화를 나누고 청년이 집으로 돌아간 뒤, 여자 친구의 어머니가 궁금해서 남편에게 물었다.
"여보, 사윗감이 어떤 것 같아요?"
그러자 여자 친구의 아버지가 퉁명스럽게 대꾸했다.

😊 "뭘 물어? 그놈은 돈도 없고 취직할 생각도 없을 뿐만 아니라, 날 하나님이라고 생각하는 것 같던데!…"

> …너는 그에게 이식을 취하지 말고, 네 하나님을 경외하여 네 형제로 너와 함께 생활하게 할 것인즉. 〈레 25:36〉

32. 독려

갈수록 십일조를 내는 교인들이 줄어들자, 목사님은 설교 후에 교인들에게 이렇게 말했다.
"성도 여러분! 주님께서 우리에게 얼마나 많은 은혜를 베푸셨습니까? 그런데 우리는 그저 받기만 하고 되돌려드린 것이 없습니다. 그러니 우리는 모두 주님의 은혜에 보답하는 뜻으로 수입의 십분의 일을 기꺼이 바쳐야 합니다. 여러분 생각은 어떻습니까?"

그러자 한 성도가 자리에서 벌떡 일어나더니, 교인들을 향해 큰 소리로 말했다.

　　　．
　　　．
　　　．
　　　．
　　　．
　　　．

😊 "목사님 말이 맞습니다. 여러분, 겨우 십분의 일 정도가 뭡니까? 우리 모두 이십분의 일, 삼십분의 일 정도도 기꺼이 바쳐야 합니다!"

…만군의 여호와가 이르노라. 너희의 온전한 십일조를 창고에 들여 나의 집에 양식이 있게 하고, 그것으로 나를 시험하여 내가 하늘 문을 열고 너희에게 복을 쌓을 곳이 없도록 붓지 아니하나 보라. 〈말 3:10〉

33. 대출 부탁

사업을 하는 한 남자가 은행에 다니는 친구를 찾아가서 부탁했다.

"여보게, 지금 회사가 부도 직전일세. 자네가 좀 도와주게."

그러자 은행에 다니는 친구가 위로하며 말했다.

"걱정 말게, 하나님께서 도와주실 거야!"

그러자 그 사업가가 은행원 친구에게 바짝 다가앉으며 말했다.

"그래서 말인데, 하나님을 보증인으로 해서 자네 은행으로부터 돈 좀 빌릴 수 없을까?"
그러자 은행원 친구가 대답했다.

😊 "안될 거야 없지. 하나님 재산세납부증명서 한통 떼어와!"

> …하나님은 약속을 기업으로 받는 자들에게 그 뜻이 변치 아니함을 충분히 나타내시려고, 그 일에 맹세로 보증하셨나니. 〈히 6:17〉

34. 거지와 목사님

어떤 거지가 교회 앞에서 요란하게 깡통을 걷어차며 걸어가고 있었다. 그 모습을 본 목사님이 그에게 다가가서 점잖게 타일렀다.
"형제님, 여기는 하나님께 예배드리는 성전 앞입니다. 시끄럽게 깡통을 차고 다니면 안 됩니다."
그러자 거지가 잔뜩 인상을 찌푸리며 대꾸했다.

:
:
:
:
:

😊 "난 지금 이사 가는 중이라구요!"

…게으른 자는 말하기를, 사자가 밖에 있은즉 내가 나가면 거리에서 찢기겠다하느니라. 〈잠 22:13〉

35. 친구의 가게

어떤 거지가 커다란 교회 입구에서 껌을 팔고 있었다. 그 거지는 가슴에 '저는 장님입니다'라는 표식을 걸고 있었다. 한 여자 성도님이 껌을 사려고 거지 앞에 놓인 깡통에 5천 원짜리를 넣고 4천 원을 거슬러 가자 거지가 말했다.
"껌은 2천 원입니다."
여자 성도님이 깜짝 놀라며 물었다.
"어머, 당신은 장님이 아니군요?"
그러자 그 거지가 이렇게 대답했다.

😊 "여기는 내 구역이 아닙니다. 난 지금 친구의 가게를 봐주고 있는 건데, 그놈은 지금 영화 보러갔습니다!"

> …주의 성령이 내게 임하셨으니, 이는 가난한 자에게 복음을 전하게 하시려고 내게 기름을 부으시고 나를 보내사 포로 된 자에게 자유를, 눈 먼 자에게 다시 보게 함을 전파하며 눌린 자를 자유롭게 하고… 〈눅4:18~19〉

36. 동업

어느 교회 앞에서 주일예배가 끝나는 시간에 맞추어 거지 두 명이 나란히 앉아 동냥을 하고 있었다. 그런데 한 거지의 손에는 성경책이 들려 있었고, 다른 한 거지의 손에는 목탁이 들려 있었다. 그러자 평소 적선에 인색한 교인들도 목탁을 든 거지가 교회 앞에서 동냥을 하는 것이 밉살스러웠는지, 성경책을 든 거지에게 선뜻 적선을 하였다. 그래서 교인들이 모두 빠져나갈 즈음, 성경책을 든 거지의 깡통에는 만족할 만큼 돈이 찼으나 목탁을 든 거지의 깡통에는 한 푼도 차지 않았다.

잠시 후, 목사님이 밖으로 나오면서 두 거지를 발견하고,

손에 목탁을 든 거지에게 충고했다.

"이봐요 형제님, 여기는 교회 앞입니다. 형제님이 목탁을 들고 있는 한 하루 종일 앉아 있어도 땡전 한 푼 못 받을 겁니다."

그러자 목탁을 든 거지가 옆에 있는 동료 거지에게 말했다.

😊 "이봐, 이제 자리를 옮겨서 저쪽 절 앞으로 가자구!"

…그가 베드로와 요한이 성전에 들어 가려함을 보고 구걸하거늘… 베드로가 가로되, 은과 금은 내게 없거니와 내게 있는 것으로 네게 주노니 곧 나사렛 예수 그리스도의 이름으로 걸으라 하고. 〈행 3:3~6〉

37. 지혜 있는 자같이 할지니

어느 날, 예수님께서 난생처음으로 골프를 치기 위해 필드에 나갔다.
예수님이 캐디에게 물었다.
"캐디야, 내가 어찌하면 되느냐?"
그러자 캐디가 대답했다.
"저기 저 깃발이 보이시죠? 공을 그곳에 최대한 가까이 갖다 붙이시면 됩니다."
예수님께서 이르시되 '그거 참 맹랑한 운동이구나!' 하시면서 멋지게 스윙을 해서 공을 깃대 근처 5cm 지점에 갖다 붙이니 모두들 놀라서 박수를 쳤다.
캐디를 따라 깃대 쪽으로 걸어간 예수님이 다시 물었다.
"캐디야, 이번엔 내가 어떡하면 되느냐?"
캐디가 대답했다.
"이번엔 볼을 홀 컵 안에 넣으시면 됩니다."
그러자 예수님께서 매우 어이없어 하시면서 말씀하셨다.

😊 "아이구, 이 미련한 캐디야! 네가 지혜 있는 자 같이 할지니 애당초 내게 바로 홀 컵 안에 넣으라고 했으면 내가 그렇게 하지 않았겠느냐?"

> …그런즉 너희가 어떻게 행할지를 자세히 주의하여 지혜 없는 자 같이 하지 말고 오직 지혜 있는 자 같이 하여, …어리석은 자가 되지 말고 오직 주의 뜻이 무엇인가 이해하라. 〈엡5:15,17〉

38. 지혜 있는 사람

어떤 남자가 지혜 있는 사람이 되고 싶어서 성경책을 읽고 또 읽었다. 그러나 성경에 지혜에 관한 말은 많았지만, 그 내용은 잘 이해할 수가 없었다. 그래서 명망 있는 목사님을 찾아가서 물었다.
"목사님, 지혜 있는 사람과 지혜 없는 사람은 어떻게 구별할 수 있는지요?"
그러자 목사님이 대답했다.
"그건 아주 간단해요. 먼저 욕조에 물을 채우고 그 욕조의

물을 비우도록 숟가락과 컵과 바가지를 줘보면 압니다."
"아하, 지혜 있는 사람은 당연히 바가지를 쓴다 이거군요?"

😊 "아니요, 지혜 있는 사람은 배수구 마개를 뺍니다!"

> …여호와를 경외하는 것이 지혜의 근본이요 거룩하신 자를 아는 것이 명철이니라, 나 지혜로 말미암아 네 날이 많아질 것이요 네 생명의 해가 네게 더하리라, 네가 만일 지혜로우면 그 지혜가 네게 유익할 것이나 네가 만일 거만하면 너 홀로 해를 당하리라. 〈잠9:10~12〉

39. 커피를 젓는 방법

잘난 체 잘하는 성도가 비평 잘하는 성도에게 말했다.
"나는 세상 사람들이 흔히 갖고 있는 그런 아집 같은 건 갖고 있지 않아요. 같은 일이라도 어떤 사람은 꼭 이렇게, 어떤 사람은 꼭 저렇게 해야만 직성이 풀리는데 나는 어느 쪽으로든 다 할 수 있거든요."
그러자 비평 잘하는 성도가 물었다.
"그럼 당신은 커피를 어떻게 젓나요?"
그러자 잘난 체 잘하는 성도가 대답했다.

"나는 어떤 땐 오른손으로 젓고, 어떤 땐 왼손으로 저어요. 그런 건 내게 문제가 되지 않아요. 그건 융통성의 문제 아닌가요?"
그러자 비평 잘하는 성도가 말했다.

😊 "당신은 정말 특이한 사람이군요. 대부분의 사람들은 티스푼으로 젓는데!…"

> …이는 그의 하나님이 그에게 적당한 방법을 보이사 가르치셨음이며, 소회향은 도리깨로 떨지 아니하며 대회향에는 수레바퀴를 굴리지 아니하고 소회향은 작대기로 떨고 대회향은 막대기로 떨며. 〈사28:26~27〉

40. 지독한 게으름뱅이

어느 마을에 지독한 게으름뱅이가 살고 있었다. 그는 얼마나 게을렀는지 누가 음식을 차려주면 먹고, 차려주는 사람이 없으면 차라리 굶을 정도였다. 어느 날, 그날도 그는 하루 종일 굶은지라 너무나 배가 고팠지만, 음식을 차려 먹기 귀찮아서 그냥 죽은 척 하기로 했다. 아니나 다를까, 몸이 바짝 야윈 채로 침대에 누워 있는 그를 발견한 이웃사람이 그가 죽은 줄 알고 목사님을 불러 장례식을 치르기로 했다.

마을 사람들이 게으름뱅이의 관을 메고 장송곡을 부르며 가고 있는데, 그것을 본 교회 성도님 한 분이 혀를 끌끌 차며 큰 소리로 말했다.

"쯧쯧… 불쌍하기도 하지! 배가 고파 죽은 게 분명해. 이럴 줄 알았으면 어제 감자라도 좀 갖다 주는 건데…"

그러자 관속에 누워있던 게으름뱅이가 그 말을 듣고 눈을 번쩍 뜨며 물었다.

"그게 찐 감자가요, 생감자가요?"
성도님이 깜짝 놀라며 얼떨결에 대답했다.
"생감자라오!"
그러자 관 속의 게으름뱅이가 다시 눈을 감으며 말했다.

:
:
:
:
:

😊 "에이, 그렇다면 장송곡이나 계속 불러 주세요!"

> …게으른 자여 개미에게 가서 그가 하는 것을 보고 지혜를 얻으라. 개미는 두령도 없고 감독자도 없고 통치자도 없으되, 먹을 것을 여름 동안에 예비하며 추수 때에 양식을 모으느니라. 게으른 자여 네가 어느 때까지 누워 있겠느냐, 네가 어느 때에 잠이 깨어 일어나겠느냐. 좀 더 자자, 좀 더 졸자, 손을 모으고 좀 더 누워 있자 하면 네 빈궁이 강도 같이 오며 네 곤핍이 군사 같이 이르리라. 〈잠 6:6~11〉

41. 에스키모인의 생활

어떤 선교사가 전도를 하기 위해 북극의 한 마을에 들어가서 에스키모 인을 만났다. 그는 먼저 원주민들의 생활을 알아야겠기에 추장에게 물었다.

"북극에선 6개월 동안 낮만 계속된다던데, 그땐 뭘 하면서 지내나요?"

추장이 대답했다.

"우린 낚시를 하면서 지내요!"

선교사가 다시 물었다.

"그럼, 6개월 동안 밤만 계속 될 땐 뭘 하면서 지내나요?"

그러자 추장이 짧게 대답했다.

 "그땐 낚시를 안 해요!"

…내 말과 내 전도함이 설득력 있는 지혜의 말로 하지 아니하고 다만 성령의 나타나심과 능력으로 하여, 너희 믿음이 사람의 지혜에 있지 아니하고 다만 하나님의 능력에 있게 하려 하였노라. 〈고전2:4~5〉

42. 하나님의 감시

어떤 남자가 연회에 참석하여 뷔페식당에 들어가 보니 비싼 칠면조 요리를 담아 놓은 쟁반 앞에 이런 팻말이 붙어 있었다.
"칠면조 요리는 조금씩만 담아가세요. 하나님이 지켜보고 계십니다!"
그가 여러 가지 음식이 놓여 있는 테이블을 따라가다 보니 그 끝에는 더욱 비싼 가재 요리를 담은 쟁반이 놓여있고, 거기에는 누군가 급하게 휘갈겨 쓴 이런 쪽지가 붙어 있었다.

😊 "가재 요리는 마음껏 담아가세요. 하나님은 칠면조 요리를 감시하느라 저쪽에 계십니다!"

> …내가 주의 영을 떠나 어디로 가며 주의 앞에서 어디로 피하리이까. 내가 하늘에 올라갈지라도 거기 계시며 스올에 내 자리를 펼지라도 거기 계시니이다. 〈시139:7~8〉

43. 마지막 결투

어떤 남자가 죽어서 하늘나라로 갔다. 베드로가 그의 삶의 기록을 살펴보고 나서 말했다.
"이봐, 자네는 어째서 사는 동안 착한 일을 한 번도 하지 않았지?"
그러자 그 남자가 정색을 하며 대답했다.
"무슨 말씀이세요? 저도 착한 일 한 게 있다구요!"
"어떤 일을 했는데?…"
"제가 길을 가고 있는데, 험악하게 생긴 깡패 놈들이 연약한 아가씨를 괴롭히고 있더라구요. 그래서 제가 용감하게 말했죠. '야, 너희들 당장 그만 두지 못해!'라구요. 그러자 그놈들이 갑자기 몽둥이와 쇠사슬을 쩔그렁거리면서 저를 에워쌌어요. 그래도 저는 겁먹지 않고 주먹을 우두둑 꺾으면서 씨익 웃었지요…"

"그래서?…"

:
:
:
:
:
:

☺ "그래서는 무슨 그래서여요? 그게 바로 조금 전 일이고, 난 결국 여기로 왔지요!"

> …우리가 알거니와 하나님을 사랑하는 자 곧 그의 뜻대로 부르심을 입은 자들에게는 모든 것이 합력하여 선을 이루느니라. 〈롬8:28〉

44. 천국 가는 길

어떤 목사님이 다른 교회 부흥회를 인도하기 위해 차를 몰고 낯선 도시에 갔다가 그만 길을 잃고 말았다. 목사님은 한참을 헤매다가 하는 수 없이 지나가는 노인을 붙잡고 물었다.

"할아버지, 소망교회가 어디 있는지 아세요? 이 근처 어디인 듯싶은데…"

"바로 뒤에 있잖소!"

"아, 그렇군요… 그런데 혹시 교회에 다니세요?"

"난, 교회를 싫어해요!"

"할아버지, 오늘 저녁에 시간 있으면 제 설교 들으러 오세요. 제가 천국 가는 길을 알려 드릴게요."
그러자 할아버지가 멈췄던 걸음을 옮기며 퉁명스럽게 대꾸했다.

😊 "바로 뒤에 있는 교회도 모르는 양반이 천국 가는 길을 어떻게 알아!"

…가라사대 진실로 너희에게 이르노니, 너희가 돌이켜 어린 아이들과 같이 되지 아니하면 결단코 천국에 들어가지 못하리라. 〈마 18:3〉

45. 천국 입국 시험

천국 문 앞에서 '천국 입국 시험'이 치러졌다. 농부와 어부, 노동자들에게는 '제2차 세계대전을 일으킨 독일의 총통은 누구인가?'라는 문제가 주어졌다. 그들은 쉽게 '아돌프 히틀러'이라고 써서 모두 천국 안으로 들어갔다.

다음은 소방구조대원과 간호원, 청소원들에게 '제2차 세계대전 때 원자폭탄이 투하된 일본의 도시 이름은 무엇인가?'라는 문제가 주어졌다. 그들도 쉽게 '히로시마'라고 답을 써서 모두 천국 안으로 들어갔다.

다음은 돈과 명예 밝히는 목사와 뇌물 먹은 정치가, 세금

떼먹은 변호사들에게 '제2차 세계대전 때 죽은 사람은 누구, 누구인가? 그들 이름을 모두 쓰시오.'라는 문제가 주어졌다.

⋮

😊 그래서 그들은 지금도 천국 문 앞에서 추위에 떨며 제2차 세계대전 때 죽은 사람들의 이름을 쓰고 있다.

…마음이 청결한 자는 복이 있나니 그들이 하나님을 볼 것임이요, 화평케 하는 자는 복이 있나니 그들이 하나님의 아들이라 일컬음을 받을 것임이요, 의를 위하여 핍박을 받은 자는 복이 있나니 천국이 그들의 것임이라. 〈마 5:8~10〉

46. 섬김

어떤 장로님이 죽어서 천국엘 갔다. 천국에 가자마자 배가 고파 식당에 가서 앉았는데, 아무리 기다려도 음식을 주문받으려 하지 않았다. 참다못한 장로님은 지나가는 종업원을 붙잡고 물었다.
"왜 손님이 와도 반기질 않고, 뭘 주문하겠느냐고 물어보지도 않는 거요? 서비스가 뭐 이래요?"
그러자 종업원이 빙긋 웃으면서 대답했다.
"장로님, 여기서는 셀프서비스입니다."
장로님은 더욱 화가 나서 말했다.
"허참! 그럼 저기 앉은 저 사람들은 왜 종업원들의 서비스를 받는 거요?"
"아, 저분들 말입니까? 저 분들은 평신도들입니다. 저분들은 지상에서 항상 남을 섬겼기 때문에 여기서는 섬김을 받는 것입니다."
하지만 장로님은 납득할 수 없어서 다시 퉁명스럽게 물

었다.

"그렇다면 목사님들은 다 어디 있어요? 보이질 않는데…"

그러자 종업원이 자리를 뜨면서 말했다.

:
:
:
:
:

😊 "아, 목사님들요? 목사님은 모두 배달 나가셨습니다!"

…각각 은사를 받은 대로 하나님의 각양 은혜를 맡은 선한 청지기 같이 서로 봉사하라. 〈벧전 4:10〉

47. 베드로의 실수

어떤 40대 부인이 심장마비를 일으켜 병원 응급실로 실려 왔다. 응급처치를 받는 동안 사망 직전에 이른 그녀는 하늘나라 문지기 베드로에게 물었다
"베드로님, 지상에서의 제 인생은 이제 끝난 건가요?"
그러자 베드로가 기록을 살펴본 다음 대답했다.
"아직 여기 올 때가 안 되었구나. 앞으로 40년 더 남았느니라."
그녀는 너무나 기뻤다. 이렇게 해서 되살아난 그녀는 다

시 찾은 인생을 그냥 그렇게 보낼 수는 없었다. 그래서 남은 인생을 즐기기 위해, 이왕 입원한 김에 얼굴을 성형한 데 이어 몸매도 날씬하게 만들어서 퇴원했다. 하지만 불행히도 그녀는 병원을 나서는 순간 그만 차에 치어 즉사하고 말았다. 다시 하늘나라 문지기에게로 간 그녀는 너무나 억울해서 베드로에게 막 항의했다.

"왜 그래요? 앞으로 40년 더 남았다면서 왜 저를 부르신 거죠?"

그러자 베드로가 매우 미안해하면서 대답했다.

😊 "아이구, 정말 미안하다. 그대가 성형을 해서 그대인 줄 못 알아봤느니라!"

> …너희 하나님 여호와께서 너희에게 명령하신 모든 도를 행하라. 그리하면 너희가 살 것이요 복이 너희에게 있을 것이며, 너희가 차지한 땅에서 너희의 날이 길리라. 〈신5:33〉

48. 억울한 베드로

하늘나라에서 하나님은 최근 벌어진 일련의 상황 책임을 물어 베드로의 심판권을 박탈했다.
베드로는 무척 억울했다. 그것은 전적으로 한국 사람들 때문이었다. 첫째는 너무나 많은 한국인들이 성형수술로 얼굴 모습을 바꾼 관계로 본인 여부를 잘 알아볼 수 없어 천당 갈 사람을 지옥 보내고 지옥 갈 사람을 천당 보낸 것이지, 뇌물을 먹고 그렇게 한 것은 아니기 때문이었다. 그리고 둘째로 지옥으로 보낸 한국 사람들이 심판의 결과에 도전하여 '얘들아, 우리 유황불 들어가자!'라고 떠들어 대면서 아예 지옥생활을 즐기는 것은 ☺ 그들이 찜질방에서 단련된 체력을 바탕으로 간이 부어 그런 것이지 자신의 잘못은 아니었기 때문이었다.

> …그러므로 모든 육체는 풀과 같고 그 모든 영광이 풀의 꽃과 같으니 풀은 마르고 꽃은 떨어지되 오직 주의 말씀은 세세토록 있도다 하였으니 너희에게 전한 복음이 곧 이 말씀이니라. 〈벧전 1:24~25〉

49. 지옥의 땅값

한 부동산업자가 죽어서 하늘나라에 갔다. 천국 문을 지키고 있던 베드로가 그에게 말했다.

"지금 천당은 만원이오. 들어갈 수가 없소!"

부동산업자는 즉시 항의했다.

"그럼, 난 어떡하라구요?"

"당신은 부동산업자니까 천당에 있는 다른 부동산업자 한 사람을 지옥으로 보내면 그 자리에 들어가게 해 주겠소."

부동산업자는 막막했다. 어떻게 천당에 있는 사람을 지옥으로 보낸단 말인가? 누구든 지옥으로 가라면 죽기 살기로 버틸 것이다.

그래서 부동산업자는 궁리 끝에 한 가지 꾀를 냈다. 그는 천당 입국장 휴게실로 가서 인터넷을 통해 천당 여기저기에다 지옥 땅값이 폭등했다는 소문을 퍼뜨렸다. 그러자 당장 천당에 있는 많은 부동산업자들이 우르르 지옥으로 몰려갔다. 이제 천당에는 여러 개의 자리가 났다. 그리고 부동산업자는 거뜬히 베드로로부터 천당 입국 허가를 받았다. 그런데 막상 천당 입국이 허락되자 부동산업자는 웬 일인지 갑자기 발길을 돌려 지옥으로 향했다. 부랴부랴 지옥으로 향하는 그의 등 뒤에다 대고 베드로가 소리쳤다.
"이봐요, 애써 천당에 자리를 마련해 놓고 지옥으로 가는 이유가 뭐요?"
그러자 부동산업자가 뒤돌아보면서 이렇게 대답했다.

"생각해보니 아주 뜬소문 같지가 않아서요!"

> …무릇 흙에 속한 자들은 저 흙에 속한 자와 같고 무릇 하늘에 속한 자들은 저 하늘에 속한 이와 같으니, 우리가 흙에 속한 자의 형상을 입은 것 같이 또한 하늘에 속한 이의 형상을 입으리라. 형제들아 내가 이것을 말하노니 혈과 육은 하나님 나라를 이어 받을 수 없고 또한 썩는 것은 썩지 아니하는 것을 유업으로 받지 못하느니라.
> 〈고전15:48~50〉

50. 베드로의 명령

천국 입국장 휴게실에서 베드로가 잠시 쉬고 있는데 밖이 소란스러웠다. 그가 문을 열고 나가자 방금 도착한 어떤 사내가 천사와 승강이를 벌이고 있었다. 베드로가 천사에게 물었다.
"왜 이리 시끄러우냐?"
그러자 천사가 대답했다.
"이놈이 살아있을 때 많은 여자들을 농락해서 지옥에 보내려고 하는데, 자기도 착한 일 한 가지는 했으니 천당에 보내달라고 우기지 뭡니까!"
베드로가 사내에게 물었다.
"그래, 네가 어떤 착한 일 한 가지를 했느냐?"
사내가 대답했다.

"제가 어느 날 길을 가다가 만 원을 주웠거든요. 그런데 그걸 거지에게 적선했어요!"

말을 마친 사내는 의기양양해서 마음속으로 천당 갈 준비를 했다. 그러자 베드로가 천사에게 이렇게 명령했다.

😊 "여봐라, 저놈한테 만 원을 줘서 지옥으로 보내거라!"

…사람들 사이에 시비가 생겨 재판을 청하면 재판장은 그들을 재판하여 의인은 의롭다 하고 악인은 정죄할 것이며, 악인에게 태형이 합당하면 재판장은 그를 엎드리게 하고 그 앞에서 그의 죄에 따라 수를 맞추어 때리게 하라. 〈신25:1~2〉

51. 베드로의 판결

어떤 남자가 죽어서 하늘나라에 갔다. 베드로가 그에게 천국과 지옥 중 어디로 가기를 원하느냐고 물었다. 그가 천국으로 가기를 원한다고 대답하자 베드로가 다시 물었다.
"혹시 생전에 나쁜 짓 한 적은 없나?"
남자가 의기양양하게 대답했다.
"남의 돈을 좀 훔치긴 했지만 많이는 안 훔쳤어요. 그리고 강도질을 하긴 했지만 오래는 안 했어요!"
그러자 베드로가 이렇게 심판했다.

😊 "좋아, 그럼 이렇게 하지. 내가 자네를 아주 뜨거운 곳으로 보낼 텐데 많이 뜨겁게는 하지 않겠다. 그리고 그곳에 한 천년쯤 있어야 하는데 그 시간을 영원이라 부르지는 않겠다!"

…이제 내가 속히 분을 네게 쏟고 내 진노를 네게 이루어서 네 행위대로 너를 심판하여 네 모든 가증한 일을 네게 보응하되, 내가 너를 불쌍히 여기지 아니하며 긍휼히 여기지도 아니하고 네 행위대로 너를 벌하여 너의 가증한 일이 너희 중에 나타나게 하리니 나 여호와가 때리는 이임을 네가 알리라. 〈겔7:8~9〉

Christian Humor Touch
There will be a blessing to those who spread laughter!

chapter 3 기도

신실할수록 좋은 것

이르되 신실할수록 좋은 것 몇 가지가 있으니 믿음과 우정과 부부애가 그것이라, 더불어 한 가지를 더하노니 기도가 그것이니라.

01. 사내의 맹세

한 사내가 철길을 따라 걷다가 발이 철로에 끼었다. 그는 발을 빼려고 했지만 좀처럼 발이 빠지지 않았다. 그리고 그 때 소리가 들려 뒤를 돌아보니 기차가 다가오고 있었다. 그는 새파랗게 질려서 하늘에 대고 기도했다.

"오, 하나님! 제 발이 빠지게 해주세요. 그러면 술을 끊겠습니다!"

하지만 발은 꿈쩍도 하지 않았고, 기차는 점점 다가오고 있었다. 사내는 하늘에 대고 다시 한 번 소리쳤다.

"하나님, 제 발이 빠지게 해주세요. 그러면 술도 끊고 욕도 안하겠습니다!"

그러나 발은 여전히 빠지지 않았고, 기차는 급기야 코앞으로 다가왔다. 사내는 절규하듯 울부짖었다.

"하나님, 제 발이 빠지게 해주시면 술도 끊고 욕도 안하고 담배도 끊고 나쁜 친구들과 어울리지도 않겠습니다. 제발 살려주세요!"

그러면서 그가 죽을힘을 다해 발을 잡아당기자 그의 발이 쑥 빠졌고, 그 바람에 몸이 철로 밖으로 튕겨 나갔다. 정말 숨 막히는 순간이었다. 아슬아슬하게 기차가 지나가고 난 뒤, 사내는 풀섶에서 옷을 툭툭 털고 일어나면서 하늘에 대고 말했다.

😊 "하나님, 그런데 이건 순전히 제 힘으로 발을 뺀 겁니다!"

> …여호와는 말의 힘이 세다 하여 기뻐하지 아니하시며, 사람의 다리가 억세다 하여 기뻐하지 아니하시고, 여호와는 자기를 경외하는 자들과 그의 인자하심을 바라는 자들을 기뻐하시는 도다. 〈시147: 10~11〉

02. 집 판 돈

어떤 남자가 간암 판정을 받았다. 충격을 받은 그는 하나님께 간절히 기도했다.
"하나님, 제 병을 낫게만 해주시면 집을 팔아서 그 돈을 몽땅 하나님께 바치겠습니다."
그러자 기도 덕분인지 정말로 병이 깨끗이 나았다. 그런데 이제 그 남자는 집을 팔아서 하나님께 바치려니까 너무 아까웠다. 그래서 궁리 끝에 신문에 다음과 같은 광고를 냈다.
"대지 700㎡에 건물 300㎡인 정원이 딸린 집 팝니다. 집값은

단돈 천만 원, 단 정원에 있는 사과나무를 함께 구입해야 합니다. 사과나무 값은 10억 원입니다."

⋮

😊 그 후, 집이 팔리자 그 남자는 집 판 돈 천만 원은 하나님께 바치고, 사과나무 판 돈 10억 원은 자신이 챙겼다.

> …스스로 속이지 말라. 하나님은 업신여김을 받지 아니하시나니, 사람이 무엇으로 심던지 그대로 거두리라. 자기의 육체를 위하여 심는 자는 육체로부터 썩어질 것을 거두고, 성령을 위하여 심는 자는 성령으로부터 영생을 거두리라. 〈갈6:7~8〉

03. 어떤 남자의 기도

어떤 남자가 베란다에 나갔다가 우연히 건너편 집 유리창 너머로 젊은 여자가 옷을 벗는 것을 목격하게 되었다. 남자는 정신을 가다듬고 얼른 이렇게 기도했다.
"하나님, 제 눈이 감겨 유혹받지 않게 해주십시오!"
그러나 다시 눈을 떴을 때, 그 여자는 옷을 완전히 벗고 있었다.
남자는 다시 기도했다.

😊 "오, 하나님! 하나님께서 잠시만 눈을 감고 계시면 안 되나요?"

> …하늘에 계시는 주여 내가 눈을 들어 주께 향하나이다. 상전의 손을 바라보는 종들의 눈 같이, 여주인의 손을 바라보는 여종의 눈 같이 우리의 눈이 여호와 우리 하나님을 바라보며 우리에게 은혜 베풀어 주시기를 기다리나이다. 〈시123:1~2〉

04. 어떤 중년 남자의 기도

어떤 중년 남자가 버스를 타고 가는데 갑자기 버스가 급정거하는 바람에 할머니 한 분이 쓰러지면서 그의 품에 안겼다. 그러자 그는 이렇게 기도했다.
"하나님, 저를 시험에 들게 하지 마옵소서!"
잠시 후, 또 버스가 갑자기 급정거 하는 바람에 이번엔 아리따운 아가씨 한 분이 쓰러지면서 그의 품에 안겼다.
그러자 그는 이렇게 기도했다.

 "하나님의 뜻이라면 따르겠나이다!"

> …그러므로 너희는 이렇게 기도하라. 하늘에 계신 우리 아버지여 이름이 거룩히 여김을 받으시오며, 나라가 임하시오며 뜻이 하늘에서 이루어진 것 같이 땅에서도 이루어지이다. 〈마6:9~10〉

05. 노처녀의 기도

혼기가 꽉 찬 어떤 노처녀가 하나님께 기도드렸다.
"하나님, 이제 제 나이가 꽤 됐걸랑요. 그러니 값이 더 떨어지기 전에 좋은 신랑감 좀 보내주시와요."
그러나 아무리 열심히 기도를 해도 하나님으로부터 아무런 응답이 없었다.
그래서 그녀는 그 답답함을 친구에게 말했다. 그랬더니 친구가 이렇게 충고했다.
"얘, 그렇게 기도해선 안 돼. 자기 자신을 위해 기도하지 말고 다른 사람을 위해 기도해봐. 그럼 응답이 있을 거야."

친구의 충고를 들은 노처녀는 다음날 아침 교회에 나가 이렇게 기도했다.

😊 "하나님, 우리 엄마가 올드미스 딸을 시집보내야 하걸랑요. 그러니 좋은 사윗감 좀 한 명 보내주시와요!"

> …여호와여, 내 기도를 들으시고 나의 부르짖음을 주께 상달하게 하소서. 나의 괴로운 날에 주의 얼굴을 내게서 숨기지 마소서. 주의 귀를 내게 기울이사 내가 부르짖는 날에 속히 내게 응답하소서. 〈시102:1~2〉

06. 남자의 소원

어떤 남자가 외딴 섬 해변 가를 걸으며 하나님께 기도를 드렸다.
"하나님, 제 소원 하나만 들어주세요."
그러자 갑자기 하늘로부터 거룩한 음성이 들려왔다.
"말해 보거라~ 무엇을 원하느냐?"
남자는 즉시 그 자리에 무릎을 꿇고 두 손을 모으며 말했다.
"하나님, 이 섬에서 육지까지 다리를 만들어 제가 언제든지 자동차로 오갈 수 있게 해주세요."
그러자 하나님께서 말씀하셨다.
"네 믿음에 견주어 그 소원이 합당하긴 한데 그러자면 들어가는 게 너무 많구나. 교각이 바다 밑바닥까지 닿아야 하니 콘크리트와 철근이 너무 많이 들어갈 것 같구나. 그러니 그것 말고 세상을 살아가는데 꼭 필요하다고 생각하는 것을 말해 보거라~"
남자는 여전히 무릎을 꿇은 자세로 말했다.
"그럼, 제가 여자들을 잘 이해할 수 있게 해 주세요. 토라져서 말을 안 하고 있을 땐 마음속으로 무얼 생각하는 건지, 왜 툭하면 우는 건지, '신경 쓰지 마!'라고 말할 때 그 말의 참 뜻은 뭔지, 어떻게 하면 여자들을 행복하게 해줄 수 있는지… 그것을 알고 싶습니다."

그러자 하나님께서 돌연 이렇게 말씀하셨다.

😊 "얘! 육지까지 가는 다리를 4차선으로 해주랴, 8차선으로 해주랴?"

…이는 저희로 마음에 위안을 받고 사랑 안에서 연합하여 원만한 이해의 모든 부요에 이르러, 하나님의 비밀인 그리스도를 깨닫게 하려 함이라. 〈골 2:2〉

07. 여자의 소원

어떤 아가씨가 교회에 나와, 인류를 위해 그리고 자기 자신을 위해 열심히 기도했다. 그러자 그 모습을 갸륵하게 여긴 하나님께서 아가씨에게 말씀하셨다.

"네 모습이 참으로 기특하도다. 요즘은 불황이라 여러 가지 소원은 들어줄 수 없다만, 한 가지 소원만은 들어줄 테니 말해보거라~"

깜짝 놀란 아가씨가 얼른 무릎을 꿇고 잠시 생각한 다음 하나님께 요청했다.

"하나님, 아랍 국가들과 이스라엘이 싸우지 않게 해주세요. 중동(Middle East)이 평화로웠으면 좋겠습니다."

그러자 아가씨의 소원을 듣고 난 하나님께서 말씀하셨다.

"내 딸아, 거기는 벌써 수십 년 째 지긋지긋하게 싸우고 있기 때문에 나도 어떻게 할 수 없구나. 그러니 다른 소원을 말해보거라."

아가씨는 여전히 무릎을 꿇은 자세로 이번엔 자기 자신을 위한 소원을 말했다.

"하나님, 저는 여태껏 제대로 된 남자를 만나지 못했어요. 잘생기고, 매너 좋고, 친절하고, 요리도 잘하고, 잠자리도 뛰어나고, 여자에게 성실한 남자를 제게 보내주세요."

그러자 아가씨의 소원을 듣고 난 하나님께서 즉시 이렇게 말씀하셨다.

"아이구 얘야, 아까 중동이라고 했느냐?
거기 내가 어떻게 해보마!"

> …가로되 네가 어려운 일을 구하는 도다. 그러나 나를 네게서 취하시는 것을 네가 보면 그 일이 네게 이루려니와 그렇지 않으면 이루지 아니 하리라 하고. 〈왕하 2:10〉

08. 하나님과의 관계

독실한 크리스쳔인 한 부인이 있었다. 그녀는 틈만 나면 남편과 아들에게 하나님을 믿으라고 설득했지만 두 사람은 요지부동이었다. 남편은 무신론자였고, 아들은 아직 신앙이 뭔지 몰랐기 때문이었다.

어느 일요일 아침, 부인은 억지로 남편과 아들을 이끌고 교회에 나가서 가족들을 위해 열심히 기도했다.

"전능하신 하나님 아버지! 우리 가족들의 영혼을 구원하여 주시고…"

그러자 남편도 부인을 따라 기도하기 시작했다.

"전능하신 장인어른! 우리 가족들의 영혼을 구원하여 주시고…"

이에 아들도 얼떨결에 아버지를 따라 기도하기 시작했다.

☺ **"전능하신 외할아버지! 우리 가족들의 영혼을 구원하여 주시고…"**

…또 이르시되 나는 네 조상의 하나님이니, 아브라함의 하나님, 이삭의 하나님, 야곱의 하나님이니라. 〈출 3:6〉

09. 할아버지의 기도

어느 날, 할아버지가 손자를 데리고 바닷가 모래밭을 걷고 있었다. 그런데 갑자기 큰 파도가 밀려오더니 손자를 집어삼켜 버렸다. 할아버지는 너무 놀라서 황급히 하늘을 보고 울부짖었다.
"오! 하나님, 어떻게 이러실 수 있습니까? 저의 하나밖에 없는 손자를 이렇게 데려가셔도 되는 겁니까? 제 아들과 며느리는 슬픔에 잠겨 죽고 말겁니다. 이건 말도 안 됩니다!"
그런데 바로 그 때, 다시 큰 파도가 밀려오더니 손자를 다시 모래밭에 밀어 놓았다.
그러자 할아버지는 하늘에 대고 이렇게 소리쳤다.

 "하나님, 우리 손자 모자도 주세요!"

…그러므로 내가 너희에게 말하노니 무엇이든지 기도하고 구하는 것은 받은 줄로 믿으라. 그리하면 너희에게 그대로 되리라. 〈막11:24〉

---

10. 손자의 기도

할머니가 어린 손자의 방문 앞을 지나갈 때, 손자 녀석이 방 안에서 기도를 하는데 같은 말을 아주 큰 소리로 되풀이하고 있었다.
"하나님, 우리 아빠가 저한테 자전거를 사주도록 해 주세요! 하나님, 우리 아빠가 저한테 자전거를 사주도록해 주세요!… "
할머니가 방문을 열고 손자에게 물었다.
"얘야, 왜 그렇게 큰소리로 기도하니? 하나님은 귀먹지 않으셨어."
그러자 손자가 할머니께 말했다.

😊 "하지만 할머니, 하나님은 들으시는데 아빠는 못 들으실까봐서요!"

> …주는 계신 곳 하늘에서 저희 기도와 간구를 들으시고 저희의 일을 돌아보옵시며. 〈왕상 8:49〉

11. 안식일

어느 일요일 오후, 어린 아들이 엄마에게 자꾸 장난감을 사 달라고 졸라대자, 귀찮아진 엄마가 아이한테 말했다.
"오늘은 일요일이라 장난감가게가 문을 닫아서 사줄 수가 없어."
그날 저녁…
엄마가 아들과 함께 식사를 하기 위해 식탁에 앉았다.
"얘야, 먹기 전에 먼저 기도하자꾸나."
그러자 아이가 엄마한테 말했다.
"엄마, 기도 소용없어요!"
"왜?"

⋮

😊 "오늘은 일요일이라 하나님도 문 닫았어요!"

…마땅히 행할 길을 아이에게 가르치라. 그리하면 늙어도 그것을 떠나지 아니하리라. 〈잠 22:6〉

12. 식사기도

젊은 초신자 아빠가 있었다. 어느 날, 가족들이 둘러앉아 저녁 식사를 하는데, 다섯 살 난 딸이 어디서 배웠는지 '하나님 아버지 감사히 먹겠습니다'하고 기도를 한 다음 수저를 들었다. 젊은 아빠는 딸이 너무나 대견스러워 그날 이후 자기도 항상 감사기도를 하고 식사를 했다.
그런데 어느 날, 아내가 저녁 식탁에 달랑 반찬 두 가지만을 올렸다. 그러자 젊은 아빠와 어린 딸은 동시에 이렇게 기도했다.

😊 "하나님 아버지 간신히 먹겠습니다!"

> …항상 기뻐하라, 쉬지 말고 기도하라, 범사에 감사하라 이것이 그리스도 예수 안에서 너희를 향하신 하나님의 뜻이니라. 〈살전5:16~18〉

13. 아들의 공로

어느 일요일 아침, 다섯 살짜리 어린 아들이 엄마 몰래 장난감 총을 숨겨가지고 교회 안에 들어갔다.
목사님의 설교가 한창 진행되는 도중에 아들이 장난감 총을 꺼내 방아쇠를 당겼다. 갑자기 예배당 안에 요란한 총성이 울려 퍼졌고, 기겁을 한 성도들이 저마다 납작 엎드리거나 눈을 감고 두 손을 모아 기도를 올렸다.

한편 뜻밖의 일에 당황한 엄마는 부랴부랴 아들을 이끌고 예배당을 빠져나갔다. 그런데 엄마와 아이가 출입문 가까이 이르렀을 때, 할아버지 한 분이 그들을 제지하면서 말했다.

😊 "아주머니, 나갈 필요 없어요! 난 사람들이 오늘처럼 이렇게 간절히 기도하는 것을 본적이 없어요. 댁의 아드님은 목사님이 10년 동안 한 것보다도 더 큰 일을 한 거라구요!"

…너희가 사람의 과실을 용서하면, 너희 천부께서도 너희 과실을 용서하시려니와. 〈마 6:14〉

14. 꼬마들의 기도

꼬마A

하나님, 휴가 때 계속 비가 와서 우리 아빤 기분이 무척 나쁘셨어요. 그때 우리 아빠가 하나님께 안 좋은 말을 했지만, 제가 대신 잘못을 빌 테니 용서해 주세요. 근데 제 이름은 비밀이에요.

꼬마B

사랑하는 하나님, 오른쪽 뺨을 맞으면 왼쪽 뺨을 대라는 건 알겠어요. 그런데 하나님은 여동생이 눈을 찌르면 어떻게 하시겠어요?

꼬마C

하나님, 착한 사람이 오히려 빨리 죽는다면서요? 엄마가 그렇게 말하시는 걸 들었어요. 저는요, 항상 착하지만은 않아요.

꼬마D

하나님, 여동생이 있었으면 좋겠어요. 엄마는 아빠한테 부탁하라고 하고, 아빠는 하나님한테 부탁하래요.

꼬마E

하나님, 사람을 태어나게 하고 또 죽게 하는 대신 지금 있는 사람을 그냥 그대로 놔두는 건 어때요?

꼬마F

하나님, 저에게 남동생을 주셔서 감사합니다. 그런데 제가 정말 갖고 싶다고 기도한 건 강아지예요.

꼬마G

😊 하나님, 만일 저에게 요술램프를 주시면 하나님 갖고 싶은건 다 드릴게요.

> 예수께서 그 어린 아이들을 불러 가까이 하시고 이르시되, 어린 아이들이 내게 오는 것을 용납하고 금하지 말라. 하나님의 나라가 이런 자의 것이니라. 〈눅18:16〉

15. 어느 남자의 십일조

어느 날, 한 중년 남자가 혼자 교회에 나와 열심히 기도하고 있었다. 그 모습을 갸륵하게 여긴 목사님은 그가 도대체 무슨 기도를 하는지 궁금해서 가까이 다가가 엿들어보았다. 그랬더니 그는 이렇게 기도하고 있었다.

😊 "하나님, 제발 100만 달러짜리 복권에 당첨되게 해 주세요. 그렇게만 해주신다면, 그 중 십분의 일은 반드시 불쌍한 사람들을 위해 기부하겠습니다. 제 약속을 믿지 못하시겠거든, 먼저 십분의 일을 떼고 주셔도 좋습니다."

…그 주인이 대답하여 가로되, 악하고 게으른 종아. 나는 심지 않은데서 거두고 헤치지 않은데서 모으는 줄로 네가 알았느냐? 〈마 25:26〉

16. 어느 명퇴자의 기도

어떤 남자가 회사를 퇴직한 뒤 조그만 가게를 차리고 나서 하나님께 간절히 기도드렸다.
"하나님, 돈을 많이 벌게 해주십시오. 그러면 그 중 절반은 하나님께 바치겠습니다. 이를테면 하루에 20만 원을 벌면 10만 원은 하나님께 바치겠습니다."
다음날 그는 공교롭게도 10만 원을 벌었다. 그러자 그 남자는 하나님께 이렇게 기도드렸다.

　　　　　　　．
　　　　　　　．
　　　　　　　．
　　　　　　　．
　　　　　　　．

😊 "하나님, 정말 대단하십니다. 먼저 하나님의 몫을 떼어놓고 주시다니요!…"

…우리가 오늘날 여기서는 각기 소견대로 하였거니와, 너희가 거기서는 하지말지니라. 〈신 12:8〉

17. 어떤 고백

주일날 예배가 끝난 후에 한 성도가 목사님을 찾아와서 고백을 했다.
"목사님, 실은 제가 지난주에 교회 앞에서 지갑을 하나 주웠습니다."
"오, 그래요? 그래서 어떡했나요?"
"지갑 안에 무려 100만 원이나 들어있더라구요."
"큰돈이네요. 주인을 찾아봤나요?"
"아뇨, 아직 안 찾아봤습니다."

"아니 왜요? 잃은 사람은 무척 애가 마를 텐데…"
그러자 그 성도가 대답했다.

😊 "그건 저도 알아요. 하지만 제가 요즘 목돈이 필요해서 기도 중이었는데, 이게 기도의 응답인지 악마의 유혹인지 도대체 알 수가 없어서요!"

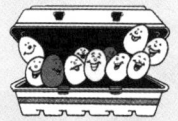

…이것은 이상한 일이 아니니라 사탄도 자기를 광명의 천사로 가장하나니, 그러므로 사탄의 일꾼들도 자기를 의의 일꾼으로 가장하는 것이 또한 대단한 일이 아니니라 그들의 마지막은 그 행위대로 되리라. 〈고후11:14~15〉

18. 아버지의 한마디

아들 삼형제를 둔 아버지가 임종을 맞아 자식들을 불러놓고 유언을 했다.
"내가 죽거든 재산을 모두 처분해서 각자 10%씩 나눠 갖고, 나머지는 교회에 기부하도록 해라."
말을 마치고난 아버지는 눈을 감은 채 마지막 기도에 들어갔다.
그때 뒤에 서있던 막내아들이 작은 소리로 중얼거렸다.
"10%씩 이라니 말도 안 돼!"
그러자 둘째 아들도 거들었다.
"그럼, 전 재산의 70%를 교회에 바치라는 거잖아!"
장남도 노골적으로 불만을 터뜨렸다.

"장남이면 뭘 해. 책임만 많고 돌아오는 건 똑같은 걸!"
그때 세 아들의 불평을 들은 아버지가 슬그머니 눈을 뜨더니 한마디 했다.

:
:
:

😊 "너희들 자꾸 그러면 나 안 죽는다!"

> …나는 정의로운 길로 행하며 공의로운 길 가운데로 다니나니, 이는 나를 사랑하는 자가 재물을 얻어서 그 곳간에 채우게 하려 함이니라. 〈잠8:20~21〉

19. 농부와 불량배

장을 보러 읍내에 나온 농부는 점심을 먹기 위해 식당에 들렀다. 그는 주문한 음식이 나오자 머리를 숙이고 경건히 하나님께 기도를 드렸다. 그런데 이때, 도시에서 온 불량배 몇 명이 옆자리에 앉아 시끄럽게 떠들다가 그들 중 하나가 농부에게 건방진 투로 물었다.
"어이, 농부 양반! 촌놈들은 식사를 할 때 다들 기도를 하나보지?"
그러거나 말거나 농부는 개의치 않고 묵묵히 기도를 드렸다. 그리고 기도를 다 마치고나서 불량배에게 점잖게 한마디 했다.

😊 "다들 기도를 하는 건 아닐세. 개나 돼지들은 그냥 먹어!"

> …불량하고 악한 자는 구부러진 말을 하고 다니며, 눈짓을 하며 발로 뜻을 보이며 손가락질을 하며, 그의 마음에 패역을 품으며 항상 악을 꾀하여 다툼을 일으키는 자라. 〈잠6:12~15〉

20. 농사와 기도

도시에서 나고 자란 어떤 목사님이 농촌 교회에 새로 부임했다. 그런데 그 동네는 오랜 동안 가뭄이 들어서 농사에 많은 어려움을 겪고 있었다.

어느 날, 한 농부가 목사님을 찾아와서 농사를 위해 비가 내리도록 기도해 달라고 요청했다. 목사님은 농부의 요청에 따라 엘리야처럼 간절히 기도했고, 그 덕분인지 얼마 지나지 않아 정말 비가 내리기 시작했다. 그런데 문제는 비가 너무 많이 와서 오히려 농사가 엉망이 되고 만 것이다. 그러자 다른 한 농부가 목사님께 기도를 부탁했던 그 농부에게 이렇게 말했다.

⋮

😊 "그러니까 내가 뭐랬나? 그런 기도는 농사일에 대해 잘 모르는 목사님한텐 부탁해선 안 된다고 했잖아!"

> …엘리야는 우리와 성정이 같은 사람이로되, 그가 비가 오지 않기를 간절히 기도한즉 삼 년 육 개월 동안 땅에 비가 오지 아니하고, 다시 기도하니 하늘이 비를 주고 땅이 열매를 맺었느니라. 〈약5:17~18〉

21. 황소를 위한 기도

어느 시골 교회에서 주일날 아침에 목사님이 예배를 시작하기 전에, 한 교인으로부터 농장 주인을 위한 기도를 추가해 달라는 요청을 받았다. 에덴농장 주인이 자기 집 황소의 뿔에 받혀 입원해 있는데, 그를 위해 기도해 달라는 것이었다.

목사님은 에덴농장 주인이 다혈질 성격의 소유자여서 장차 어떤 일이 일어날 것인지 잘 알고 있었다. 그래서 목사님은 먼저 농장 주인을 위해 기도한 다음 이러한 기도를 덧붙였다.

🙂 "하나님, 그 집 황소에게도 아무 일도 없기를 기도합니다."

> …마음이 상한 자에게 노래하는 것은 추운 날에 옷을 벗음 같고, 소다 위에 식초를 부음 같으니라. 네 원수가 배고파하거든 음식을 먹이고 목말라하거든 물을 마시게 하라. 그리 하는 것은 핀 숯을 그의 머리에 놓는 것과 일반이요, 여호와께서 네게 갚아 주시리라. 〈잠25:20~22〉

22. 성격 유형별 기도

소심 형
주여, 제가 사소한 것에 연연하는 사람이 되지 않게 해주소서. 그리고 내일 아침 6시 41분 23초에 스스로 일어날 수 있도록 해주시고, 침대 정리나 휴지통 비우는 것 등은 다음날로 미룰 수 있도록 해 주소서.

성급 형
주여, 저에겐 인내가 필요합니다. 제게 인내를 주소서. 그런데 이왕 주시려거든 지금 당장 주소서.

완벽주의자 형
주여, 제가 완벽주의자가 되지 않도록 해주소서. 그런데 지금 제가 발음을 제대로 했나요?

안하무인 형
주여, 항상 저의 권리를 주장할 수 있도록 해주소서. 그리고 제가 부탁드리는 것은 너무 신경 쓰지 마세요. 제가 갈 길은 그냥 제가 알아서 가게 내버려 두시기 바랍니다.

속세 짝사랑 형

주여, 제가 이 세상의 많은 것들을 좀 더 진지하게 받아들일 수 있도록 해주소서. 특히 데이트나 파티나 춤추는 것 등을 좀 더 잘 할 수 있도록 도와주세요.

사업가 형

주여, 제가 자꾸 일을 저지르지 않도록 도와주소서. 하지만 주님이 바쁘시면 말씀만 하세요. 제가 즉시 출동하겠습니다.

> …너는 기도할 때에 네 골방에 들어가 문을 닫고 은밀한 중에 계신 네 아버지께 기도하라. 은밀한 중에 보시는 네 아버지께서 갚으시리라. 또 기도할 때에 이방인과 같이 중언부언하지 말라. 그들은 말을 많이 하여야 들으실 줄 생각하느니라. 〈마6:6~7〉

23. 죄와 병

어떤 아가씨가 무릎을 꿇고 하나님께 기도를 했다.
"하나님, 저는 아주 큰 죄를 지었습니다. 저를 용서해주세요!"
그러자 하늘에서 거룩한 음성이 들려왔다.
"고개를 들고 무슨 죄를 지었는지 말해 보거라~"
아가씨가 고개를 들고 하나님께 말했다.
"하나님, 저는 교만한 여잡니다. 저는 거울을 볼 때마다 제가 너무 예쁘다는 생각을 했습니다."
그러자 하늘에서 다시 거룩한 음성이 들려왔다.

😊 "딸아, 그건 죄가 아니라 병이니라!"

> …우리의 아름다운 지체는 그럴 필요가 없느니라 오직 하나님이 몸을 고르게 하여 부족한 지체에게 귀중함을 더하사, 몸 가운데서 분쟁이 없고 오직 여러 지체가 서로 같이 돌보게 하셨느니라. 〈고전12:24~25〉

24. 기도의 반전

남편이 퇴근하는 것을 기다렸다가 아내가 말했다.
"여보, 우리 오늘 외식해요."
그러자 남편은 귀찮아서 갑자기 아내의 손을 덥석 잡고 기도를 했다.
"하나님 아버지, 사랑하는 제 아내에게 집에서 먹는 음식이 얼마나 맛있는지 알게 해주시고 그대로 이루어지게 하옵소서. 아멘!"
아내는 할 수 없이 외식을 포기하고 남편과 함께 집에서 저녁을 먹었다.
식사를 마치고 이제 좀 느긋해지자 남편이 아내에게 말했다.
"여보, 과일이 좀 먹고 싶은데 어떻게 안 될까?"

그러자 아내가 갑자기 남편에게 다가와 손을 덥석 잡더니 이렇게 기도했다.

:
:
:

😊 "하나님 아버지, 지금 집에 과일이 없으니 사랑하는 제 남편이 과일 같은 건 먹고 싶지 않게 해주시고, 내일부터는 커피 한 잔만으로도 불평 없게 해주시옵소서. 아멘!"

> …마음의 경영은 사람에게 있어도 말의 응답은 여호와께로부터 나오느니라, 사람의 행위가 자기 보기에는 모두 깨끗하여도 여호와는 심령을 감찰하시느니라, 너의 행사를 여호와께 맡기라 그리하면 네가 경영하는 것이 이루어지리라.〈잠16:1~3〉

25. Thanks Giving!

경마 노름에 빠져 가진 돈을 다 날린 한 남자가 이제 집으로 돌아갈 수 없게 되자, 마지막으로 근처 교회에 가서 하나님께 도와달라고 기도를 드렸다. 그가 간절히 기도하자, 얼마 후 하나님께서 응답하셨다.

"얘야, 내가 잃은 돈을 전부 채워주마. 대신 너는 집으로 돌아가서 아내 앞에 무릎을 꿇고 'Thanks Giving!'이라고 외치거라. 그런 다음 네 지갑을 열어 보면 잃은 돈이 전부 채워져 있을 것이니라. 단, 그 말은 한 번 밖에 사용할 수 없고 누구든 네 앞에서 그 말을 똑같이 사용하면 그 돈은 다시 없어지게 될 것이다."

남자는 뛸 듯이 기뻤다. 그는 서둘러 집으로 향했다. 그리고 집에 도착하자마자 아내를 불러 그 앞에 무릎을 꿇고 큰 소리로 외쳤다.

"Thanks Giving!"

그러자 아내가 버럭 화를 내며 그에게 말했다.

⋮

😊 "일주일 만에 집에 들어와서 느닷없이 'Thanks Giving!'이 뭔 개풀 뜯어먹는 소리예욧!"

O, my God!

> …그에게서 그 한 달란트를 빼앗아 열 달란트 가진 자에게 주라. 무릇 있는 자는 받아 풍족하게 되고, 없는 자는 그 있는 것까지 빼앗기리라. 이 무익한 종을 바깥 어두운 데로 내쫓으라. 거기서 슬피 울며 이를 갈리라 하니라. 〈마25:28~30〉

26. 아멘의 위력

믿음이 좋은 어떤 어머니에게 3대 독자인 아들이 있어 장가를 갔는데 불신자인 며느리가 들어왔다. 그 후 시어머니는 손자 볼 생각에 들떠 있었지만, 몇 년이 지나도록 며느리는 임신을 하지 못했고 안타까움만 더해갔다. 그러던 어느 날, 시어머니는 조심스레 며느리에게 교회에 나가 하나님께 기도해 보자고 제의했다. 그렇게 해서 시어머니는 며느리를 데리고 교회에 나가 열심히 기도했으나, 그래도 임신의 기미는 보이지 않았다. 애가 탄 시어머니와 며느리는 하는 수 없이 이번엔 목사님의 안수기도를 받아 보기로 했다.

그로부터 며칠 후, 시어머니와 며느리가 날을 잡아 교회에 나가 안수기도를 받는데, 목사님이 온 힘을 다해 신령과 진정으로 기도를 했다. 그러나 불신자인 며느리는 기도를 받을 때 어떻게 하는지를 몰라 꿀 먹은 벙어리처럼 묵묵히 앉아있기만 했다. 그러자 옆에 있던 시어머니가 안타까운 나머지 며느리를 대신해서 '아멘! 아멘!' 하고 목사님의 기도에 화답했다. 그리고 그로부터 몇 달 후, 😊 **며느리는 임신이 안 되고 시어머니가 임신을 했다.**

…하나님의 약속은 얼마든지 그리스도 안에서 예가 되니, 그런즉 그로 말미암아 우리가 아멘 하여 하나님께 영광을 돌리게 되느니라. 〈고후1:20〉

27. 외박한 벌레

목사님이 주일날 오후예배에만 교회에 나오는 한 성도에게 권했다.
"성도님, 새벽기도에 나오세요. 일찍 일어나는 새가 벌레를 잡는 법입니다."
그러자 그 성도가 대답했다.
"하지만 목사님, 일찍 일어나는 벌레가 부지런 떨다 잡혀 먹힐 수도 있잖아요."
그때 옆에서 듣고 있던 한 집사님이 목사님 대신 말했다.

😊 "성도님, 그 벌레는 틀림없이 외박하고 새벽에 집에 들어가던 벌레 일겁니다!"

…비파야, 수금아 깰지어다. 내가 새벽을 깨우리로다. 〈시 108:2〉
---

28. 하나님의 응답

여자 성도 한 분이 목사님을 찾아와서 자랑을 했다.
"목사님, 제가 하나님을 한번 웃겼더니 하나님께서 제게 은혜를 베푸셨어요."
"오, 그래요?… 하나님을 어떻게 웃겼는데요? 어떤 은혜를 받았는데요?"
"제가 오랫동안 남편이 교회에 나오길 기도했지만 소용이 없었잖아요."
"그랬지요."
"그런데 제가 며칠 전에는 새벽에 남편 구두를 가지고 교회에 나와서 '하나님, 주인보다 구두가 먼저 나왔으니 주인도 이 구두

따라 교회에 나오게 해주세요!'라고 기도했죠. 제가 기도하긴 했지만 스스로 생각해도 너무 우스웠어요. 그래서 혼자 한참을 웃다보니 그날 다른 기도는 하나도 못하고 그냥 돌아갔는데, 다음 날 남편이 갑자기 교회에 나오겠다는 거예요. 그날 이후 남편은 교회에 잘 나오고 있어요. 😊 **제가 하나님을 한 번 웃겼더니 하나님께서 제 소원 들어주신 거예요!**"

> …사라가 이르되 하나님이 나를 웃게 하시니 듣는 자가 다 나와 함께 웃으리로다, 또 이르되 사라가 자식들을 젖먹이겠다고 누가 아브라함에게 말하였으리요마는 아브라함의 노경에 내가 아들을 낳았도다 하니라. 〈창 21:6~7〉

29. 마지막 번호

어느 교회 사무실에서 전도사님이 캐비닛을 열려고 하는데 갑자기 번호가 생각나질 않았다. 다이얼을 왼쪽으로 두 번, 오른쪽으로 두 번, 그리고 다시 왼쪽으로 한 번 돌려서 번호를 맞추는 캐비닛이었는데 마지막 번호가 생각나지 않았다. 그래서 전도사님은 목사님께 여쭤보았다.
"목사님, 캐비닛 다이얼 마지막 번호가 몇 번이죠?"
그러자 목사님도 기억나지 않는지 한동안 생각하다가 위를 쳐다보고 뭔가 중얼거렸다. 그리고 나서 캐비닛 앞으로 다가가 번호를 맞추니 캐비닛이 철커덕 열렸다. 전도사님이 신기해서 목사님께 다시 여쭤보았다.

"목사님, 무슨 기도를 하신 거죠? 하나님께서 번호를 가르쳐주시던가요?"
그러자 목사님이 웃으면서 대답했다.

:
:
:

😊 "저기 천정에 번호가 적혀 있잖아요!"

> …하늘에 계시는 주여, 내가 눈을 들어 주께 향하나이다. 상전의 손을 바라보는 종들의 눈 같이, 여주인의 손을 바라보는 여종의 눈 같이 우리의 눈이 여호와 우리 하나님을 바라보며 우리에게 은혜 베풀어주시기를 기다리나이다. 〈시123:1~2〉

30. 장난감 총

장로님 한 분이 새로 부임한 부목사님에게 장난감 권총을 주면서 말했다.

"이걸 가지고 있다가 가슴이 답답할 때마다 뒷산에 올라가서 한 방씩 쏘세요. 그러면 답답함이 좀 풀릴 겁니다."

부목사님은 속으로 '참 별난 장로님도 계시는구나' 하고 생각하면서 일단 장난감 권총을 받아 서랍 안에 넣어두었다.

그 뒤 부목사님은 교회 일을 하는 동안 가슴이 답답할 때마다 열심히 기도하여 풀곤 했다. 그런데 어느 날부터는 목사님과의 관계에서 자꾸만 일이 꼬여 기도를 해도 좀처럼 답답함이 풀리지 않았다. 어느 날 문득 장로님이 한 말을 떠올린 부목사님은 책상서랍을 열고 장난감 권총을 꺼내 뒷산으로 올라갔다. 그가 숨을 헐떡거리며 산꼭대기에 이르렀을 때, **아뿔사! 거기에는 담임목사님이 먼저 올라와 장난감 권총이 아닌 장난감 기관총을 드르륵 드르륵 쏘아대고 계셨다.**

> …우리가 사방으로 우겨쌈을 당하여도 싸이지 아니하며 답답한 일을 당하여도 낙심하지 아니하며, 박해를 받아도 버린바 되지 아니하며 거꾸러뜨림을 당하여도 망하지 아니하고 〈고후4:8~9〉

31. 내가 만약 글을 알았다면

몹시 가난한 집안에서 태어나 교육을 제대로 받지 못해 겨우 자기 이름만 쓸 줄 아는 한 청년이 있었다. 어느 날 그는 은행 수위 모집광고를 보고 찾아갔으나 글자도 제대로 모르는 사람이라고 퇴짜를 맞았다. 그는 혼자 교회에 나와 울면서 기도를 했다.
"하나님, 저는 왜 가난한 집에서 태어나서 공부도 제대로 못하고 은행 수위 자리마저 퇴짜를 맞아야 합니까? 저는 이제 어떻게 해야 되나요? 제게 길을 알려 주십시오!"
그러자 울며 기도하는 그에게 은밀한 목소리가 들려왔다.
"너를 향한 나의 뜻은 은행 수위 자리에 있지 않다. 너는 미국으로 건너가거라~"
하나님의 음성을 들은 청년은 즉시 혈혈단신으로 미국으로 건너갔다. LA에 도착한 그는 꼭 성공하고 말겠다는 결심으로 무엇이든 닥치는 대로 열심히 일을 했다. 그리하여 제법 많은 돈을 벌어 자기 사업체를 갖게 되었고, 그의 사업은 날로 번창하여 그가 중년이 되었을 때, 그는 이미 재벌 회장이 되어 있었다.
그 후 그가 60회 생일을 맞이하였다. 생일잔치에는 각계의 고위급 인사들이 많이 몰려와 그의 성공을 축하해 주었다. 연회에 참석한 한 방송기자가 성공한 노신사에게 물었다.

"회장님, 이제 회장님의 입지전적인 인생 역정을 자서전으로 남기는 것은 어떠신지요?"
그러자 노신사가 대답했다.
"나는 내 이름밖에 쓸 줄 모르는 사람인데 어떻게 자서전을 남긴단 말이오?"
그러자 방송기자가 다시 물었다.
"그럼, 만약 회장님이 글을 아셨다면 지금보다 몇 배나 더 훌륭한 분이 되셨겠군요?"
이에 노신사가 웃으면서 대답했다.

😊 **"만약 내가 글을 알았다면 난 지금쯤 은행 수위가 되어 있을 거요!"**

> …여호와의 계획은 영원히 서고 그의 생각은 대대에 이르리로다, 여호와를 자기 하나님으로 삼은 나라 곧 하나님의 기업으로 선택된 백성은 복이 있도다, 여호와께서 하늘에서 굽어 보사 모든 인생을 살피심이여, 곧 그가 거하시는 곳에서 세상의 모든 거민들을 굽어 살피시는 도다. 〈시33:11~14〉

32. 나무꾼 할아버지의 간청

나무꾼 할아버지가 무거운 짐을 지고 숲속에서 나왔다. 그는 정말 늙은 나이였다. 80년 인생이 피곤했다. 그는 틈나는 대로 하늘에 대고 이렇게 기도하곤 했다.

"하나님, 왜 저를 데려가지 않는 겁니까? 저는 이제 더 이상 살고 싶지 않습니다. 아무런 미련도 없습니다. 단지 마지못해 살고 있을 뿐입니다. 하나님 제가 자살하기를 원하십니까?… 그것은 아니겠지요? 어서 빨리 저를 데려가주십시오. 저는 이미 끝난 인생입니다."

사실 할아버지는 모든 게 궁핍했다. 이미 늙어서 쇠약했고 아무도 돌봐 줄 사람이 없었다. 매일 산에 가서 나무를 해다 팔아야만 겨우 먹고 살 정도였다.

그날도 나무꾼 할아버지는 나뭇짐을 잠시 내려놓고 하늘을 향해 하소연했다.

"하나님, 어디에 계십니까? 다른 사람들은 잘도 데려가면서 저는 왜 안 데려가십니까? 제게 무슨 원한이라도 있으신가요? 저는 이렇게 준비가 되어 있습니다. 어서 저를 데려가 주십시오!"
그런데 바로 그때, 갑자기 숲 속에서 산적이 나타났다. 험악하게 생긴 산적은 나무꾼 할아버지에게 시퍼런 칼을 들이대며 윽박질렀다.
"가진 거 다 내놔. 안 그러면 죽여 버릴 테다!"
그러자 겁에 질린 나무꾼 할아버지는 벌벌 떨면서 말했다.

😊 "여기 쌈짓돈이 몇 푼 있소. 목숨만은 살려주시오!"

…예수께서 이르시되 나는 부활이요 생명이니 나를 믿는 자는 죽어도 살겠고, 무릇 살아서 나를 믿는 자는 영원히 죽지 아니하리니 이것을 네가 믿느냐. 〈요 11:25~26〉

33. 아버지의 답장 TIP

시골에 계신 아버지가 도시에서 대학을 다니는 아들로부터 연이어 두 통의 편지를 받았다.

편지 1
아버지, 그동안 무고하신지요? 집안도 평안하시구요? 자꾸만 돈 부쳐 달라고 해서 죄송합니다. 100만 원이 또 필요 합니다. 이러는 제 마음 염치없고 송구스럽기 짝이 없습니다. 하지만 여기저기서 외상값 독촉이 심해 어쩔 수 없이 편지를 올립니다. 이 불효자식 고향을 향해 무릎을 꿇고 용서를 빕니다.

편지 2
아버지, 편지를 부치고 나니 너무 송구스러운 마음이 들어 다시 우체국엘 쫓아갔습니다. 편지를 되돌려 받아 태우고 싶었거든요. 뛰어가면서 편지가 그대로 있길 하나님께 두 손 모아 기도했어요. 그런데 너무 늦어 이미 발송이 끝난 상태였습니다. 아들의 불찰을 용서해주십시오. 앞서 부친 편지에 계좌번호를 안 적은 것 같아 다시 편지 올리는 겁니다. 계좌번호:사랑은행 1004-40-3377.

두 통의 편지를 받은 아버지는 즉시 아들에게 답장을 보냈다.

아버지의 답장

😊 사랑하는 아들아, 너의 간절한 기도를 하나님께서 들으셨나보다. 네 편지 받지 못했다. 그러니 걱정 말고 부디 공부에 전념하거라!

…아들이 가로되, 아버지여 내가 하늘과 아버지께 죄를 얻었사오니 지금부터는 아버지의 아들이라 일컬음을 감당치 못하겠나이다하나. 〈눅 15:21〉

34. 새벽기도

어느 교회의 담임 목사님이 죽어서 하늘나라에 갔다. 천국 문을 지키고 있던 베드로가 말했다.
"당신은 이곳에 들어갈 수가 없소!"
그는 당황했다.
섬김의 삶을 살았던 자신은 당연히 천국에 들어가야 마땅했다. 그래서 그는 베드로에게 항의했다.
"나는 큰 교회의 담임목사였소. 난 주님의 몸 된 교회를 크게 부흥시켰을 뿐만 아니라, 상처 입은 많은 영혼들을 보살폈소. 나는 천국에 들어가야만 하오!"
그러자 베드로가 말했다.
"하지만 그건 당신 혼자만의 생각일 뿐이오. 당신은 들어갈 수 없소!"
이것은 분명 VIP에 대한 합당한 대우가 아니었다. 목사님은 화가 났다. 그러나 어쩌랴?… 그는 혼자였고 여기서는 아무 것도 아니었다. 그는 할 수 없이 발길을 돌려 지옥 문 앞으로 갔다.
그런데 지옥 문지기가 말했다.
"당신은 안 돼. 여긴 당신 같은 목사들이 꽉 찼어!"
목사님은 화가 나서 버럭 소리를 질렀다.

﹕

"그럼 나보고 도대체 어디로 가라는 거요?
설마 나보고 다시 지상의 교회로 가라는 건
아니겠지? 난 새벽기도가 정말 싫다구!"

…내 영광아 깰 지어다 비파야 수금아 깰 지어다 내가 새벽을 깨우리로다, 주여 내가 만민 중에서 주께 감사하오며 뭇 나라 중에서 주를 찬송하리이다, 무릇 주의 인자는 커서 하늘에 미치고 주의 진리는 궁창에 이르나이다. 〈시57:8~10〉

35. 부자의 헛수고

어떤 부자가 임종을 맞아 하나님께 간절히 기도했다.
"하나님, 저는 정말 고생고생하며 재산을 모았습니다. 그러니 제가 죽으면 재산을 가지고 하늘나라에 들어갈 수 있도록 해주십시오."
하나님께서는 처음에는 안 된다고 했지만, 부자가 너무 애원을 하는지라 한 가지 조건을 달고 허락을 했다.
"그럼 네 재산을 가져가되, 가방 하나만 가져가거라."
부자는 신이 나서 자기 재산을 모두 팔아 금으로 바꾼 다음 금 가방을 들고 하늘나라로 향했다. 그가 낑낑대며 천국 문 앞에 이르렀을 때 베드로가 말했다.
"가방은 가지고 들어갈 수 없소!"
부자는 즉시 항의했다.

"왜 안 된다는 거요? 난 하나님한테 허락을 받았소!"
그러자 베드로가 말했다.
"그럼, 가방 안에 뭐가 들어있는지 한번 봅시다. 폭발물이나 마약 같은 건 절대 안 되오!"
그러면서 그는 부자의 가방을 잡아당겨 열어보았다. 그랬더니 가방 안에는 금덩이가 잔뜩 들어있었다. 베드로가 의아해서 부자에게 물었다.

😊 "아니, 이 무거운 도로포장 재료는 뭐 하러 이렇게 잔뜩 들고 온 거요?"

> …여호와의 이름은 견고한 망대라 의인은 그리로 달려가서 안전함을 얻느니라. 부자의 재물은 그의 견고한 성이라 그가 높은 성벽 같이 여기느니라. 〈잠18:10~11〉

36. 칭찬의 이유

신실하고 선한 삶을 살아온 목사님과 매우 거친 삶을 살아온 총알택시운전사가 같은 날 죽어서 함께 천국에 갔다. 그런데 하나님께서는 목사님보다 총알택시운전사를 더 많이 칭찬하셨다. 기가 막힌 목사님이 그 이유를 묻자, 하나님께서 이렇게 대답하셨다.

:
:
:

😊 "너는 사람들을 늘 졸게 했지만, 이 친구는 사람들을 늘 기도하게 했느니라~"

> …이는 아무 육체라도 하나님 앞에서 자랑하지 못하게 하려 하심이라. 〈고전 1:29〉

37. 술꾼과 촛불

어떤 남자가 매주 토요일 밤마다 동네 술집에 들러, 매일 그 집에 나타나는 한 단골 술꾼과 함께 취하곤 했다.
그가 몇 달을 이와 같이 하다가 어느 날 밤 여느 때와 마찬가지로 술집에 들렀는데 사람들이 이렇게 말했다.
"당신 친구가 죽었어요. 혈액과 호흡에 알코올이 얼마나 베었던지, 어젯밤에 잠자리에 들면서 촛불을 끄다가 그만 호흡에 불이 붙어 타죽었답니다."
그 말을 들은 남자는 당장 술집주인에게 성경책을 갖다 달라고 해서 그 위에 손을 얹고 이렇게 기도했다.

😊 "하나님, 제가 촛불을 입으로 불어서 끄지 않도록 해 주세요!"

> …어리석은 자들아, 밖을 만드신 이가 속도 만들지 아니하셨느냐?… 오직 그 안에 있는 것으로 구제하라. 그리하면 모든 것이 너희에게 깨끗하리라. 〈눅 11:40~41〉

38. 응답의 결과

어떤 남자가 술집을 차려 개업예배를 드리게 되었다. 그런데 초대받은 목사님이 의외의 기도를 했다.
"하나님 아버지, 이 술집이 오늘 예배드리고 내일 문을 엽니다. 그런데 부디 이 술집이 열리지 않게 해주옵소서. 이 술집이 열리면 많은 사람들이 술을 마시고 취하여 제 정신이 아닐 것입니다. 하나님 아버지, 부디 오늘 이 술집 주인의 마음을 변화시켜 내일 이 술집이 열리지 않게 해 주옵소서."
초대받은 다른 사람들은 예배 후에 축하파티를 열려고 했는데, 목사님의 기도를 듣고 나서는 모두들 슬금슬금 돌아가 버렸다. 사람들이 돌아가고 난 뒤, 술집 주인은 깊은 고민에 빠졌다. 목사님이 내일 술집이 열리지 않게 해 달라고 기도했기 때문이었다. 그는 밤늦게까지 잠을 이룰 수가 없었다. 새벽녘이 되어서 그는 조용히 무릎을 꿇고 하나님께 기도를 드렸다.

"하나님, 저의 이 새로운 사업을 향한 하나님의 뜻은 무엇입니까? 제게 응답을 주소서."

그렇게 한동안 미동도 않고 기도를 하면서 하나님의 응답을 구하고 난 다음에야 그는 비로소 밝은 표정으로 잠자리에 들 수 있었다.

☺ 그 술집 문은 다음 날 열리지 않고 다음 다음 날 열렸다.

> …여호와께서 이르시되 그 날에 내가 응답하리라 나는 하늘에 응답하고 하늘은 땅에 응답하고, 땅은 곡식과 포도주와 기름에 응답하고 또 이것들은 이스르엘에 응답하리라. 〈호2:21~22〉

39. 기적

기적을 일으킨다고 소문난 목사님이 있어, 방송국 기자들이 그에게 몰려갔다. 한 방송국 기자가 그에게 물었다.
"목사님께선 기적을 행한다고 들었는데, 그게 사실인가요?"
그러자 그 목사님은 일단 기자들을 자리에 앉게 한 다음 이렇게 설명했다.
"제가 기적을 일으키는 건 사실입니다. 어제 저녁만 해도 그렇습니다. 제가 시내 번화가를 지나오는데, 네온이 찬란한 환락가 건물이 눈에 들어오더군요. 그래서 저는 차안에서 큰소리로 기도했지요. '하나님, 저 건물이 무너져 내리게 해주십시오!'라고요. 그런데 바로 그 순간 제 머릿속을 스치는 게 있었습니다. 환락가 건물이 무너져 내리는 것은 괜찮지만, 인명피해가 나면 그

중에는 분명 억울한 사람도 있을 거라는 생각이 든 것입니다. 그래서 저는 얼른 다시 기도했지요. 건물이 무너져 내리지 않게 해 달라고… 그랬더니 과연 그 건물은 그대로 서 있더군요. 이 얼마나 놀라운 기적입니까?…"

…엘리야는 우리와 성정이 같은 사람이로되, 저가 비 오지 않기를 간절히 기도한즉 삼년 육 개월 동안 땅에 비가 아니 오고, 다시 기도한즉 하늘이 비를 주고 땅이 열매를 내었느니라. 〈약 5:17~18〉

40. 신문 기사

백인들, 흑인들, 황인들이 여러 명 탄 국제 여객선이 태평양 한 가운데서 폭풍우를 만나 난파당했다. 승객들은 저마다 하나님께 기도하며 구명보트를 타고 가까스로 어느 섬에 도착했는데, 하필 그 섬은 식인종들이 사는 곳이었다. 그리고 다음날 아침, 그 섬의 신문 제1면에는 다음과 같은 톱기사가 실렸다.

⸱
⸱
⸱
⸱

😊 "흰 빵, 검은 빵, 누런 빵 다량 확보!"

> 주께서 우리를 다시 살리자 주의 백성이 주를 기뻐하도록 하지 아니하시겠나이까. 여호와여 주의 인자하심을 우리에게 보이시며 주의 구원을 우리에게 주소서. 〈시 85:6~7〉

41. 참새와 포수

전깃줄에 참새 열 마리가 앉아 있었다. 포수가 참새들을 겨냥해서 한 마리씩 차례차례 쐈다. 포수는 드디어 아홉 번째 참새를 맞추고 열 번째 참새를 겨냥했다. 목숨이 경각에 달린 열 번째 참새는 하나님께 간절히 기도했다.
"하나님, 저는 처자식이 있는 몸입니다. 제발 살려주세요!"
그런데 바로 그 순간, 기도 덕분인지 포수가 슬그머니 총구를 아래로 내렸다. 열 번째 참새가 감사하기도 하고 궁금하기도 해서 포수에게 물었다.
"아니, 아저씨 웬 일이세요?"
그러자 포수가 참새에게 말했다.

: : :

😊 "야, 너 가서 아홉 마리 더 데리고 와!"

> …참새 두 마리가 한 앗사리온에 팔리지 않느냐. 그러나 너희 아버지께서 허락하지 아니하시면 그 하나도 땅에 떨어지지 아니하리라. 〈마10:29〉

42. 황당해진 고양이

고양이에게 쫓기던 생쥐가 막다른 골목에 이르렀다. 주위를 둘러보았지만 더 이상 갈 곳이 없었다. 다급해진 생쥐는 얼른 눈을 감고 하나님께 기도를 드렸다.
"하나님, 이렇게 고양이 밥이 되고 싶지는 않습니다. 저의 생명을 구해주시옵소서!"
순간, 하늘로부터 어떤 목소리가 들려왔다.
"눈을 뜨고 바닥을 보아라~"
생쥐는 얼른 눈을 뜨고 바닥을 바라보았다. 거기에는 버려진 연탄재가 깔려있었다. 생쥐는 망설일 틈도 없이 연탄재 위에 몸을 던졌다. 그리고 마구 뒹굴었다.
뒤쫓아 온 고양이가 의아해서 물었다.

"야, 너 지금 뭐하는 거야?"
그러자 연탄재를 뒤집어쓴 생쥐가 소리쳤다.

 **"다된 밥에 재 뿌리는 거다 왜!"**

> …사람이 감당할 시험 밖에는 너희가 당한 것이 없나니 오직 하나님은 미쁘사 너희가 감당하지 못할 시험 당함을 허락하지 아니하시고 시험 당할 즈음에 또한 피할 길을 내사 너희로 능히 감당하게 하시느니라. 〈고전10:13〉

43. 앵무새 1

어떤 여자가 시장골목을 지나다가 애완동물 가게에 진열되어 있는 멋진 앵무새를 발견했다. 그녀는 그 앵무새에 반해 넋을 잃고 바라보았다. 그러자 가게 주인이 그녀에게 다가와서 말했다.
"이 새는 크리스천 앵무새입니다."
"예?… 그럼 이 앵무새가 예수님을 믿는단 말인가요?"
"못 믿겠다면 제가 직접 보여드리죠."
그러면서 주인은 앵무새의 오른쪽 다리에 묶인 줄을 잡아당겼다. 그러자 앵무새가 '하늘에 계신 우리 아버지여, 이름이 거룩히 여김을 받으시오며~' 하면서 주기도문을 줄줄 외웠다. 여자는 놀라지 않을 수 없었다.
가게 주인은 더욱 신이 나서 말했다.
"한 가지 더 보여 드릴까요?"
그러면서 그는 이번엔 앵무새의 왼쪽 다리에 묶인 줄을 잡아당겼다.
그러자 앵무새가 '전능하사 천지를 만드신 하나님 아버지를 내가 믿사오며~' 하면서 사도신경을 줄줄 외웠다. 여자는 너무 놀라워 입이 다물 수가 없었다. 그래서 가게 주인에게 물었다.
"그럼, 양쪽 다리에 묶인 줄을 한꺼번에 잡아당기면 뭘 보여주나요?"
그러자 가게 주인이 대답하기 전에 앵무새가 먼저 나서서 말했다.

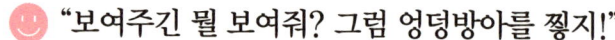

😊 "보여주긴 뭘 보여줘? 그럼 엉덩방아를 찧지!"

…그들에게 일어난 이런 일은 본보기가 되고 또한 말세를 만난 우리를 깨우치기 위하여 기록되었느니라, 그런즉 선줄로 생각하는 자는 넘어질까 조심하라. 〈고전 10:11~12〉

44. 앵무새 2

두 마리의 앵무새가 있었다. 한 마리는 독실한 기독교 신자의 앵무새였고, 다른 한 마리는 무신론자의 앵무새였다. 그런데 기독교 신자의 암컷 앵무새는 늘 '기도합시다! 기도합시다!'라고 말하는 반면, 무신론자의 수컷 앵무새는 늘 '키스합시다! 키스합시다!'라고 말했다.

그래서 기독교 신자는 무신론자를 설득하여, 두 마리의 앵무새를 같은 새장 안에 넣기로 했다. 함께 있으면 '기도합시다 앵무새'가 '키스합시다 앵무새'에게 감화를 주어 두 마리 다 '기도합시다!'로 바뀔 수 있다고 생각했기 때문이다.

그로부터 며칠 뒤, 두 사람은 앵무새의 변화를 보기 위해 함께 새장으로 갔다. 그런데 '키스합시다 앵무새'는 여전히 '키스합시다!'를 반복하고 있었고, '기도합시다 앵무새'는 백팔십도 달라져서 이렇게 지껄이고 있었다.

⋮

😊 "하나님, 제 기도를 들어 주셔서 감사해요!
    하나님, 제 기도를 들어주셔서 감사해요!…"

…의인이 악인 앞에 굴복하는 것은 우물의 흐리어짐과 샘의 더러워짐 같으니라. 〈잠 25:26〉

Christian Humor Touch
There will be a blessing to those who spread laughter!

chapter 4 감사

혀와 언어

무릇 인간에게는 혀가 있고 언어가 있으되, 그 속에는 독과 저주와 축복과 감사가 함께 있으며, 축복과 감사를 뱉는 자는 흥하리로되, 독과 저주를 뱉는 자는 망하리로다.

01. 감사기도

어느 무더운 여름날 오후, 두 명의 사내가 커다란 수박 한 통을 깨서 배부르게 먹고 나무그늘 아래 드러누워 바람을 쏘이고 있었다.
한 사내가 말했다.
"저기 나무위에 달린 저게 호두 아니야? 아이구 하나님도 쩨쩨하시지. 기왕이면 수박 만하게 만드셨어야지 저렇게 작으니 먹을 게 있나?…"
그러자 다른 사내가 거들었다.
"맞아, 수박만은 못해도 참외만 하게는 만들었어야 먹을 게 있지!"
그러다 그들은 스르륵 잠이 들었다. 그런데 한차례 강한 바람이 불어 호두 하나가 툭 떨어지며 처음 말한 사내의 콧등을 깨고 말았다. 깜짝 놀란 그가 벌떡 일어나 코를 만져보니 코피가 묻어나고 옆에 호두 하나가 떨어져 있었다. 그는 조금 전 자기가 한 말이 생각나서 얼른 무릎을 꿇고 하나님께 감사 기도를 드렸다.

︰

😊 "아이구 하나님, 호두를 호두만 하게 만드셔서 정말 감사합니다. 만일 수박 만했더라면 저는 틀림없이 머리가 깨져서 죽었을 겁니다!"

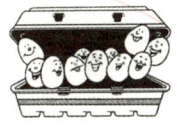

> …하나님께서 지으신 모든 것이 선하매 감사함으로 받으면 버릴 것이 없나니, 하나님이여 내가 주께 서원함이 있사온즉 내가 감사제를 주께 드리리니 주께서 내 생명을 사망에서 건지셨음이라, 주께서 나로 하나님 앞 생명의 빛에 다니게 하시려고 실족하지 아니하게 하지 아니하셨나이까. 〈딤전4:4, 시56:12~13〉

02. 잡초

조그마한 시골 교회에서 하나님을 섬기고 있는 어떤 목사님이 채소밭을 가꾸고 있었다. 여름 햇볕은 뜨겁고, 잡초는 끝없이 이어지고 여간 힘든 게 아니었다. 그런데 그때 악마가 나타나서 말했다.
"목사님, 이래도 범사에 감사할 수 있습니까?"
목사님은 악마의 유혹을 물리치려고 한참을 궁리하다가 이렇게 말했다.

😊 "하나님, 감사합니다. 이 많은 잡초가 메뚜기처럼 이리저리 뛰어 다니지 않고 한 자리에 있어서 제가 잡초를 다 뽑을 수 있도록 해주시니 정말 감사합니다!"

> …범사에 감사하라. 이는 그리스도 예수 안에서 너희를 향하신 하나님의 뜻이니라. 〈살전 5:18〉

03. 농부와 목사님

한 농부가 버려져서 황폐해진 농장을 사들였다. 그런데 막상 농장을 가꾸려니 사람 키만큼 자란 잡초와 낡고 헐어버린 창고, 돌보지 않은 텃밭 등으로 눈앞이 캄캄했다. 그래도 그는 용기를 내어 열심히 농장을 개조하기 시작했다. 그러던 어느 날, 교회 목사님이 농장 앞을 지나다가 열심히 일하고 있는 농부를 보고 다가와서 위로의 말을 건넸다.
"하나님과 함께 멋진 농장을 가꾸시기 바랍니다."
그렇게 몇 달이 지난 후, 목사님이 다시 농장 앞을 지나가게 되었을 때, 농장은 말끔하고 풍성해졌으며 많은 가축과 곡식들로 가득 차 있었다. 목사님은 농장의 풍요로움에 깜짝 놀라 농부에게 말했다.

"대단하군요! 역시 하나님의 능력이란 이런 것입니다. 하나님과 형제님이 이룩해낸 작품은 정말 아름답습니다."
그러자 농부가 힘주어 말했다.

😊 "예, 그렇구말구요. 하지만 목사님, 전에 하나님 혼자 농장을 가꾸실 때는 어땠는지 생각해 보세요!"

> …아버지께서 내게 하라고 주신 일을 내가 이루어, 아버지를 이 세상에서 영화롭게 하였사오니. 〈요: 17:4〉

04. 금주 맹세

어떤 남자가 새해에는 술을 끊겠다고 하나님께 맹세했다. 그런데 그가 상가 거리를 지나다가 주류백화점 진열장에 30년 산 밸런타인 양주가 진열되어 있는 것을 발견했다. 그것은 빛깔도 황홀할 만큼 아름다웠다. 무심코 가게 안으로 들어간 남자는 점원에게 물었다.
"이 양주 얼맙니까?"
그러자 갑자기 하늘이 어두워지고 천둥소리가 들려왔다. 남자는 깜짝 놀라 황급히 하늘을 올려다보며 말했다.

😊 "아이구 하나님, 그저 값만 물어 본걸 가지고 뭘 그러세요!"

> …그러므로 제단으로 맹세하는 자는 제단과 그 위에 있는 모든 것으로 맹세함이요, 또 성전으로 맹세하는 자는 성전과 그 안에 계신 이로 맹세함이요, 또 하늘로 맹세하는 자는 하나님의 보좌와 그 위에 앉으신 이로 맹세함이니라. 〈마23:20~22〉

05. 아저씨의 걱정

한 초등학생이 길을 가는데 어떤 술 취한 아저씨가 한쪽 다리는 도로를 따라, 다른 한쪽 다리는 하수구 도랑을 따라 걷고 있었다. 이상하게 생각한 초등학생이 다가가서 물었다.
"아저씨, 왜 한쪽 다리를 도랑에 넣고 걸으세요?"
그러자 그 술 취한 아저씨가 되물었다.
"그래?… 내가 지금 그렇게 걷고 있냐?"
"그럼요, 왜 그러세요?"
초등학생의 물음에 술 취한 아저씨는 갑자기 환호성을 지르며 말했다.

😊 "아이고 하나님 감사합니다. 전 제 한쪽 다리가 짧아진 줄 알고 내내 걱정하고 있었습니다!"

>…무릇 흠이 있는 자는 가까이 못할지니, 곧 소경이나 절뚝발이나 코가 불완전한 자나 지체가 더한 자나… 그는 흠이 있은즉 나아와 하나님의 식물을 드리지 못하느니라. 〈레 21:18~21〉

06. 스님의 개종

어떤 시골에 저수지 하나를 사이에 두고 마을과 절이 마주보고 있었다. 어느 추운 겨울날, 시주를 마치고 절로 돌아가던 스님이 마음이 급했는지 가로질러가기 위해 얼어붙은 연못 위로 들어섰다.
그런데 절반쯤 왔을 때 얼음이 '쩌정~'하고 갈라지기 시작했다. 스님은 기겁을 하고 앞으로 뛰어갔다. 다행히도 스님은 무사히 연못을 건넜고, 한숨을 쉬면서 이렇게 중얼거렸다.

😊 "아이고, 하나님 감사합니다!"

…누구든지 주의 이름을 부르는 자는 구원을 얻으리라.
〈롬 10:13〉
---

07. 낙하 훈련

어떤 남자가 낙하산을 배우게 되었다. 그가 교관에게 물었다.
"만약 낙하산이 펴지지 않으면 어떻게 합니까?"
"그럼, 보조 낙하산을 펴세요."
"보조 낙하산도 펴지지 않으면 어떡하죠?"
"그럼 '오, 부처님!' 하고 외치세요. 구해줄 겁니다."
남자는 농담인줄 알면서도 기억해두었다.
이제 연습이 끝나고 실제로 뛰어내릴 차례였다. 남자는 비행기를 타고 상공 높이 올라갔다. 그는 벌벌 떨다가 가까스로 비행기에서 뛰어내렸다. 그런데 얼마만큼 쏜살같이 내리꽂히다가 손잡이를 잡아당겼지만 낙하산이 펴지질 않았다. 순간 남자는 당황했다. 정신을 가다듬고 보조 낙하산 손잡이를 잡아당겼지만 그것도 펴지질 않았다. 남자는 이제 꼼짝없이 죽었구나 싶어, 교관이 일러준 대로 '오, 부처님!'하고 외쳤다. 그랬더니 아래쪽에 큰 손이 확 펼쳐지면서 사뿐히 받아주었다. 남자는 식은 땀을 흘리면서 자기도 모르게 내뱉었다.

⋮

😊 "아이고 하나님, 부처님을 보내주셔서 정말로 감사합니다!"

> …하나님이 우리를 사랑하시는 사랑을 우리가 알고 믿었노니 하나님은 사랑이시라 사랑 안에 거하는 자는 하나님 안에 거하고 하나님도 그의 안에 거하시느니라. 〈요일 4:16〉

08. 감사한 이유

대를 이어 주를 섬기는 집안에서 아버지 목사와 아들 목사가 한집에 살았다.
하루는 아들 목사가 퇴근해서 집안으로 들어서며 상기된 목소리로 아버지 목사님께 말했다.
"아버지, 오늘 제가 참으로 감사한 일을 당했습니다."
"오, 그래?… 무슨 일이냐?"
"오늘 제가 교회에서 집으로 오는 중에 차가 두 바퀴나 굴렀는데 이렇게 상처 하나 입지 않고 멀쩡합니다. 그러니 얼마나 감사해요."
그러자 아버지 목사가 아들 목사에게 말했다.

"그러냐? 그런데 나는 너보다 훨씬 더 감사하다."
"네? 그럼, 아버진 저보다 더 큰 사고가 났는데도 괜찮단 말씀이신가요?"
그러자 아버지 목사가 대답했다.

😊 **"아니다, 나는 오늘 한 바퀴도 안 굴러서 감사하다!"**

> …하나님께서 지으신 모든 것이 선하매 감사함으로 받으면 버릴 것이 없나니, 하나님의 말씀과 기도로 거룩하여짐이라. 〈딤전4:4~5〉

09. 대단하신 하나님

한 젊은 부인이 아기를 안고 교회 앞에 쭈그리고 앉아 슬피 울고 있었다. 지나가던 노신사가 그녀에게 다가가서 물었다.
"부인, 왜 그리 슬피 우는 겁니까?"
그러자 부인은 슬픈 표정으로 대답했다.
"우리 아기에게 세례를 주고 싶은데, 헌금할 돈이 없어서 그럽니다."
노신사는 더 이상 묻지 않고 지갑에서 10만 원짜리 수표를 꺼내 부인에게 건네며 말했다.
"5만 원은 헌금 하고, 5만 원은 제게 돌려주세요. 여기서 기다리고 있겠습니다."
부인은 뜻하지 않은 노신사의 호의에 놀라, 몇 번이고 그에게 감사의 말을 전했다. 그리고는 돈을 받아들고 교회 안으로 들어가 세례를 마치고 한참 만에 밖으로 나와, 노신사에게 5만 원을 돌려주며 말했다.
"하나님께, 그리고 선생님께 다시 한 번 감사드립니다."
그러자 노신사가 웃으면서 말했다.

:
:
:

😊 "부인, 역시 하나님은 대단하신 분인 것 같지 않아요? 댁의 아기는 세례를 받았고, 댁은 기쁨이 넘치고, 나는 5만 원이 생겼고, 교회도 5만 원이 생겼으니 이거야 말로 오병이어 아니겠어요?"

…자비한 자에게는 주의 자비하심을 나타내시며, 완전한 자에게는 주의 완전하심을 보이시며. 〈시 18:25〉

10. 예수님 제자들의 무인도 생존법

베드로

그는 먼저 친구가 없다고 난리를 친다. 구조대는 안 올 거라며 절망하다가 사흘 만에 회개하고 무인도 이쪽 끝에서 저쪽 끝까지 전도 여행을 떠난다.

빌립

그는 세상 어느 곳에 떨어져도 잘 먹고 잘 산다. 구조대가 오든 말든 벌써 그곳에 적응해서 과일 따 먹으러 간다. 과일나무 밑에서 만난 토끼에게 예수님의 제자가 되라고 전도한다.

요한 ─────────────

그는 그늘에 가만히 앉아서 주변 경치를 감상하다가 마태가 물고기 잡는 것을 구경하고 빌립이 과일 따는 것을 도와준다.

마태 ─────────────

그는 슬픔에 잠긴 채 구조를 기다리기로 하고 일단 식량이 있는지를 찾아본다. 그러다 나무로 작살을 만들어 물고기를 잡아온다. 그리고 **다음날부터 구조된 후의 메시아 증거를 위해 〈마태복음〉을 쓰기 시작한다.**

> …어떤 사람에게는 능력 행함을, 어떤 사람에게는 예언함을, 어떤 사람에게는 영들 분별함을, 다른 사람에게는 각종 방언 말함을, 어떤 사람에게는 방언들 통역함을 주시나니 이 모든 일은 같은 한 성령이 행하사 그의 뜻대로 각 사람에게 나누어 주시는 것이니라. 〈고전 12:10~11〉

11. 할아버지의 정체

모세 선지자와 예수님, 그리고 수염이 긴 할아버지 한분이 함께 골프를 치고 있었다.
첫 번째 티샷에서 모세가 친 공이 연못에 빠졌다. 그러자 모세는 연못을 가르고 들어가 공을 쳐올려 그린 위에 떨어뜨렸다.
다음엔 예수님이 드라이버를 쳤는데, 공이 또 다른 해저드에 빠지고 말았다. 그러자 예수님은 물 위를 걸어가 공을 쳐서 홀 컵 가까이에 갖다 놓았다.
다음엔 수염이 긴 할아버지가 엄청난 힘으로 공을 쳤는데, 심한 혹을 내고 말았다. 공은 클럽하우스 지붕을 맞고 되돌아와 카트길을 때린 다음, 데굴데굴 굴러가 연못에 빠지더니 연꽃 잎사귀 위에 올라앉았다. 이어 개구리 한 마리가 풀쩍 뛰어올라 그 공을 입에 물었다. 그러자 독수리 한 마리가 날아와 그 개구리를 낚아 챈 다음 그린 위로 날아갔고, 개구리가 그린 위에 공을 떨어뜨렸는데, 공이 홀 컵 안으로 쏙 들어갔다. 홀인원이 된 것이다. 그러자 모세 선지자가 예수님께 말했다.

:
:
:
:
:

😊 **"난 자네 친아버지하고 골프 치는 게 싫어!"**

…나는 여호와요 모든 육체의 하나님이라. 내게 능치 못한 일이 있겠느냐? 〈렘 32:27〉

12. 죄 없는 자

예수님이 모인 사람들을 둘러보며 단호하게 말씀하셨다.
"누구든지 죄 없는 자가 먼저 저 여자를 돌로 쳐라!"
그러자 하늘에서 돌멩이 하나가 휙 날아왔다. 예수님이 한숨을
쉬고, 하늘을 올려다보면서 말씀하셨다.
"아부지! 제발 제가 하는 일 방해 좀 하지 마세요!"
그러자 하늘에서 거룩한 음성이 들려왔다.

 "내가 죄 없는 자니라~"

> …입법자와 재판자는 오직 하나이시니, 능히 구원하기
> 도 하시며 멸하기도 하시느니라. 너는 누구관대 이웃을
> 판단하느냐? 〈약 4:12〉

13. 채점

주일학교에서 교리시험을 보는 날, 늘 장난치기에만 바빴던 데니는 시험지에 나온 문제의 답을 단 하나도 알 수가 없었다. 그래서 한참을 끙끙대다가 할 수 없이 답안지에다 이렇게 적었다.
"저는 정답을 하나도 알지 못하지만, 하나님께서는 다 아십니다."
다음 주 일요일, 주일학교 선생님으로부터 채점지를 받아든 데니는 너무나 황당했다. 거기에는 다음과 같이 쓰여 있었기 때문이었다.

😊 "데니 0점! 하나님 100점!"

…내가 주의 의로운 판단을 배울 때에는 정직한 마음으로 주께 감사하리이다. 〈시 119:7〉
---

14. 용돈과 헌금

다섯 살 난 요한이는 친척들로부터 꽤 많은 용돈을 받았다. 신이 난 요한이는 과자를 사먹으러 동네 가게로 갔다. 그런데 가게 누나가 요한이한테 말했다.
"요한아, 그 돈 과자 사먹지 말고 교회에 헌금하면 어떻겠니?"
그러자 요한이가 잠시 눈을 껌뻑이더니 이렇게 대답했다.

😊 "아뇽, 그냥 과자 사먹을래요. 대신 누나가 제가 낸 돈 헌금하세요!"

> …이르시되 그런즉 가이사의 것은 가이사에게, 하나님의 것은 하나님께 바치라 하시니 그들이 백성 앞에서 그의 말을 능히 책잡지 못하고 그의 대답을 놀랍게 여겨 침묵하니라. 〈눅20:25~26〉

15. 조는 이유

설교가 시작되기만 하면 조는 성도가 있었다. 그래서 어느 날, 목사님이 그 성도를 불러 조용히 물어보았다.
"설교 때마다 조시는데 특별한 이유라도 있나요?"
성도가 대답했다.
"그야, 설교가 시작되면 안심이 되기 때문이죠."
"그게 무슨 말씀이세요?"

:
:
:
:

😊 "설교가 교리에 맞고, 내용도 좋고, 이단의 주장을 하시는 것도 아니기 때문에 제가 안심이 됩니다. 그래서 잠이 드는 것이지요."

> …그러나 너희 눈은 봄으로, 너희 귀는 들음으로 복이 있도다. 〈마 13:16〉

16. 하나님의 방법

어느 교회의 건물이 낡아 수리가 불가피한 상황이었다. 상당한 비용이 예상 되었고, 목사님은 그것을 어떻게 교인들에게 말해야 할지 고민하다가 주일을 맞았다.
그런데 주일날 아침, 엎친 데 덮친 격으로 피아노 반주자가 아파서 예배에 참석하지 못하겠다는 연락이 왔다. 그리고 급히 물색한 임시 반주자마저 예배가 시작될 무렵이 되서야 허겁지겁 나타났다.
화가 난 목사님이 임시 반주자에게 퉁명스럽게 말했다.
"자매님, 내가 오늘 교인들에게 재정문제를 얘기할 때 무슨 곡을 칠지는 자매님이 알아서 하세요!"
드디어 예배가 시작되고 설교 후에 목사님은 조심스레 교인들에게 재정문제를 꺼냈다.
"사랑하는 성도 여러분, 우리 교회는 지금 매우 어려운 상황에 처해 있습니다. 주님의 몸인 교회가 심하게 낡아 수리비용이 만만치 않게 들어갈 형편입니다. 혹시 여러분들 중에서 1백만 원이나 그 이상의 헌금을 하실 분은 지금 자리에서 일어나 주십시오. 하나님께서 매우 기뻐하실 겁니다."

그러나 목사님이 말을 마치고나서 잠시 기다렸지만, 아무도 일어나지 않았다. 잠시 정적이 흐르면서 분위기는 매우 어색해졌다.

그런데 바로 그 때, 갑자기 피아노에서 장엄한 애국가가 울려 퍼졌다. 임시 반주자가 피아노로 애국가를 연주하기 시작한 것이다.

:
:
:
:
:

😊 그러자 교인들은 모두 엉겁결에 자리에서 일어났고, 그날의 헌금액수는 졸지에 예상 금액의 40배를 넘어섰다. 아울러 임시 반주자는 그날 이후 당당히 정규 반주자로 올라섰다.

> …그러나 나는 하나님의 집에 있는 푸른 감람나무 같음이여 하나님의 인자하심을 영원히 의지하리로다, 주께서 이를 행하셨으므로 내가 영원히 주께 감사하고 주의 이름이 선하시므로 주의 성도 앞에서 내가 주의 이름을 사모 하리이다. 〈시52:8~9〉

17. 인간의 도전

2100년 어느 날, 지구의 과학자들이 한 자리에 모여 토론을 했다. 그들은 토론 끝에 '인간은 이제 무슨 일이든 할 수 있게 되었으므로 하나님은 더 이상 필요 없다'는 결론을 내렸다. 그래서 과학자 대표가 하나님께 여쭈었다.
"하나님, 이제 우리 인간은 하나님이 필요 없다고 생각합니다. 우리는 인간을 복제할 수도 있고, 다른 생명체도 창조할 수 있습니다. 그러니 이제 하나님께서는 인간을 떠나 다른 세상에서 다른 일을 하시는 게 어떠신지요?"
그러자 과학자 대표의 말을 주의 깊게 듣고 난 하나님께서 말씀하셨다.
"오, 그래? 그럼 내가 한 가지 제안을 하겠다. 그대들과 내가 인간 만드는 시합을 하면 어떻겠느냐?"
"좋습니다!"
과학자 대표가 의기양양하게 대답하자, 하나님께서 다시 말씀하셨다.

"그럼 너도 내가 태초에 아담을 창조했을 때와 똑같이 한번 해 보거라!"
"그런 것쯤이야 문제없죠!"
과학자 대표는 자신만만하게 대답하고 나서 즉시 땅의 진흙 한 덩어리를 집어 들었다.
그러자 이를 지켜보던 하나님께서 단호하게 말씀하셨다.

😊 "이봐, 내가 만든 흙으로 하지 말고 너희들이 만든 흙으로 해!"

> …질그릇 조각 중 한 조각 같은 자가 자기를 지으신 자로 더불어 다툴진대 화 있을진저, 진흙이 토기장이를 대하여 너는 무엇을 만드느뇨 할 수 있겠으며, 너의 만든 것이 너를 가리켜 그는 손이 없다 할 수 있겠느뇨. 〈사 45:9〉

18. 광야에 홀로 서서

어떤 젊은이가 어려운 환경 속에서도 열심히 공부하여 신학대학을 우수한 성적으로 졸업했다. 그는 3년간의 힘든 전도사 사역을 마친 다음, 목사 안수를 받고 다시 2년간 부목사로 일했다. 그러다 드디어 교회를 개척하여 첫 예배를 드리게 되었다. 첫 예배가 있는 날, 그날은 친구들과 선배들과 친척들 그 밖의 많은 사람들이 찾아와 자리를 빛내주었다. 그래서 그 날 만큼은 작고 미흡한 교회였지만 제법 많은 사람들로 북적거렸다.

그렇게 바쁜 첫날 예배가 지나가고 다음날 아침, 마지막까지 남아서 뒷일을 봐주던 장모님마저 시골 일이 바쁘다며 내려가시고, 젊은 목사님은 부인과 단 둘이서 오전 예배를 드리게 되었다. 그는 찬송가 몇 곡을 부른 다음, 밤새 준비한 설교문을 가지고 열심히 설교를 했다.

"회개하라, 천국이 가까웠느니라!…"

그러자 앞자리에 앉아있던 부인은 은근히 화가 났다. 어제 하루 종일 뒷바라지를 하느라 지칠 대로 지쳐서 성치 않은 몸을 이끌고 나와 앉아 있는데, 회개를 하라고 외치고 있으니 이건 해도 너무한다는 생각이 들었다. 그래서 그녀는 말없이 일어나 밖으로 나가버렸다. 결국 혼자 남은 젊은 목사님은 아무도 없는 텅 빈 좌석을 향해 교인들이 가득한 것으로 간주하고 끝까지 열심히 설교를 마쳤다. 그리고 다음은 헌금할 시간, 그는 헌금 주머니를 가져다 자기 주머니에서 1만 원을 꺼내 그 속에 넣고 봉헌 기도를 드린 다음 교회 부흥을 위해 축도를 했다. 이제 예배를 끝내고 나니 헌금을 집계해야 할 시간, ☺ **그는 헌금주머니에서 1만 원을 꺼내 장부에 올리고 주머니에 넣은 다음 다시 한 번 하나님께 감사의 기도를 드렸다.**

> …내가 주의 계명들을 사모하므로 내가 입을 열고 헐떡였나이다, 주의 이름을 사랑하는 자들에게 베푸시던 대로 내게 돌이키사 내게 은혜를 베푸소서, 나의 발걸음을 주의 말씀에 굳게 세우시고 어떤 죄악도 나를 주관하지 못하게 하소서. 〈시119:131~133〉

19. 자살자의 목적

어떤 남자가 강가를 산책을 하다가 자살을 하려는 사내를 발견했다. 사내는 다리 난간 위에 올라서서 강물 아래를 내려다보고 있었다. 아래는 검고 푸른 강물이 도도히 흐르고 있었다. 남자는 깜짝 놀라서 그 사내에게 소리쳤다.

"이봐요, 잠깐만요! 왜 죽으려는 겁니까? 살아야 할 이유가 많잖아요!"

그러자 자살을 하려던 사내가 남자를 돌아보며 말했다.

"살아야 할 이유가 많다구요? 그게 뭐죠?"

"글쎄요?… 당신은 종교가 있나요?"

"있어요."

"다행이네요, 크리스천인가요 아님 다른 종굔가요?"

"크리스천이요."

"그렇군요, 가톨릭인가요 개신굔가요?"

"개신교요."

"아 네, 나도 개신굡니다. 감리굔가요 침례굔가요?"

"침례교요."

"그렇군요, 하나님의 침례굔가요 주님의 침례굔가요?"

"하나님의 침례교요."

"나두요, 그럼 당신은 원래 있던 하나님의 침례굔가요 아니면 하나님의 침례교 개혁파인가요?"

"하나님의 침례교 개혁파요."
"반갑네요, 나도 하나님의 침례교 개혁팝니다. 그럼 당신은 1879년에 개혁을 주장했던 하나님의 침례교 개혁판가요, 아니면 1915년에 개혁을 주장했던 하나님의 침례교 개혁판가요?
"1915년에 개혁을 주장했던 하나님의 침례교 개혁파요."
그러자 남자는 그 사내에게 소리쳤다.
"그림, 뛰어내리세요. 영원히 살 겁니다!"

그러자 자살을 하려던 남자는 난간위에 서서 잠시 생각해보았다. 자기의 목적은 죽는 것인데 영원히 산다니!… 그렇다면 뛰어내릴 이유가 없었다. 그래서 그는 난간위에서 내려왔다.

> …하나님의 뜻대로 하는 근심은 후회할 것이 없는 구원에 이르게 하는 회개를 이루는 것이요 세상 근심은 사망을 이루는 것이니라, 그런즉 내가 너희에게 쓴 것은 그 불의를 행한 자를 위한 것도 아니요 그 불의를 당한 자를 위한 것도 아니요 오직 우리를 위한 너희의 간절함이 하나님 앞에서 너희에게 나타나게 함이로다. 〈고후7:10,12〉

20. 세 가지의 댓글

한 인터넷 사이트에 다음과 같은 글이 올려졌다.
"저의 아버지께서 요즘 제정신이 아닙니다. 교회에 너무 빠지셨습니다. 만나는 사람마다 붙잡고 예수 믿고 천국가라 그러고, 저한테도 틈만 나면 천국가야 된답니다. 제 나이 이제 스물 두 살인데 저보고 벌써 천국을 가랍니다. 그리고 식사 전에도 기도한다고 10분 이상 아무도 못 먹게 합니다. 언제나 음식을 식혀서 먹기가 일쑤죠. 아무래도 저의 아버지께서 정신이 좀 이상해진 것 같습니다. 제가 볼 때도 이런데 주위에서는 오죽하겠습니까? 친척들도 다 저의 아버지 싫어합니다. 가족들도 아버지만 보면 슬슬 피합니다. 교회에 빠져도 너무 빠진 아버지께서는 목사님 말이라면 뭐든지 다 옳은 줄 압니다. 이거 정말 괴롭습니다. 어떻게 고치는 방법 없을까요? 저녁때마다 되지도 않는 설교를 들어야하고… 들어보면 정말 말도 안 되는 얘깁니다. 사탄이 어쩌고, 천사가 어쩌고 하면서… 우리 아버지가 너무 불쌍합니다. 그리고 교회가 너무 밉습니다. 뭐 할 때 헌금 내라, 뭐 할 때 헌금 내라… 헌금이나 거둬가고… 헌금 종류도 엄청 많더군요. 그것도 수요일, 금요일, 일요일 이렇게 거둬가요. 교회에서 벗어나는 법 아시는 분, 제발 그 방법 좀 가르쳐주세요."
그런데 위의 글이 게시된 지 채 한 시간도 안 되어, 사이트에는 다음과 같은 세 가지의 댓글이 올라왔다.

댓글1

아버지께서 교회에 빠지셨다니 당신은 그래도 행운아 입니다. 저의 아버지께서는 불교에 빠져서 가출을 했고, 아예 산에서 안 내려오십니다. 교회에 빠지신 걸 다행으로 생각하세요. 저는 저의 아버지가 너무 보고 싶습니다.

댓글2

기독교든 불교든 다 좋습니다. 당신들은 운 좋은 사람들입니다. 저의 아버지는 이슬람교도인데, 우리나라에선 보기 드물죠. 저의 아버진 매일 미국 놈들 다 죽일 놈들이라고 그러시더니, 급기야는 성전(聖戰)에 참가해야 한다고 직장 다 때려 치시고 이란행 비행기표 알아보고 있는 중입니다. 큰일입니다.

댓글3

🙂 기독교든 불교든 이슬람교든 다 좋습니다. 당신들은 정말이지 축복받은 사람들입니다. 저의 아버지는 허구한 날 만취상태로 들어오기가 일쑤인데, 들어와서는 엄마와 가족들을 마구 두들겨 팹니다. 흑, 흑!…

> …일렀으되, 이 백성에게 가서 말하기를 너희가 듣기는 들어도 도무지 깨닫지 못하며, 보기는 보아도 도무지 알지 못하는 도다. 이 백성들의 마음이 완악하여져서 그 귀로는 둔하게 듣고 그 눈을 감았으니, 이는 눈으로 보고 귀로 듣고 마음으로 깨달아 돌아와 나의 고침을 받을까 함이라 하였으니. 〈행 28:26~27〉

21. 여성운전자와 택시기사

일요일 오후, 한 여자 성도님이 예배를 마치고 차를 몰고 귀가를 하다가 차들이 북적거리는 로터리에서 그만 시동을 꺼뜨리고 말았다. 그녀는 다시 출발하려고 애썼지만 진땀만 날 뿐 시동이 걸리지 않았다. 그녀의 차 뒤에서는 성질 급한 택시기사가 신경질적으로 계속 경적을 울려댔다. 그러자 그녀는 시동 걸기를 포기하고 차에서 내려 뒤로 걸어갔다. 택시에 다가간 그녀는 기사에게 창문을 내리라고 손짓을 한 다음, 그가 창문을 내리자 이렇게 말했다.

😊 "저, 정말 죄송해요. 시동이 안 걸려서 그러는데 좀 도와주시겠어요? 당신은 운전 경험이 많으니까 잘 하실 수 있을 거예요. 그 대신 제가 택시 안에서 계속 경적을 울리고 있을 게요!"

> …또 참으로 나와 멍에를 같이한 네게 구하노니 복음에 나와 함께 힘쓰던 저 여인들을 돕고 또한 글레멘드와 그 외에 나의 동역자들을 도우라. 그 이름들이 생명책에 있느니라. 〈빌4:3〉

22. 남자의 젖꼭지

어느 날, 해부학 교수가 강의 도중에 학생들에게 물었다.
"하나님께서 인간을 창조하실 때, 우리 몸의 모든 부위는 하나하나 다 쓸모가 있도록 만드셨습니다. 손톱은 손톱대로, 눈썹은 눈썹대로, 맹장은 맹장대로 다 필요에 의해서 만드셨습니다. 그런데 유독 남자의 젖꼭지만은 왜 그걸 만드셨는지 알 수가 없어요. 혹시 여러분 중에 하나님이 그걸 왜 만드셨는지 아는 사람 있어요?"
그러자 한 여학생이 자신 있게 대답했다.

:
:

😊 "교수님, 그건 앞뒤를 구분하기 위해서입니다!"

> …그뿐 아니라 더 약하게 보이는 몸의 지체가 도리어 요긴하고, 우리가 몸의 덜 귀히 여기는 그것들을 더욱 귀한 것들로 입혀 주며, 우리의 아름답지 못한 지체는 더욱 아름다운 것을 얻느니라. 〈고전12:22~23〉

23. 증상 치료

정신과 병원을 찾아온 남자가 의사에게 말했다.
"전 침대 위에 눕기만 하면 누군가 침대 밑에 있다는 생각이 듭니다. 그리고 침대 밑에 들어가면 누군가 침대 위에 있다는 생각이 들고요."
남자의 고민을 듣고 난 의사가 말했다.
"증세가 심각하군요. 매주 한 번씩 오면서 3개월 동안 꾸준히 치료를 받아야겠어요."
남자가 물었다.
"치료비는 얼마죠?"
"한번 올 때마다 2십만 원씩입니다."
"2십만 원씩이라구요?… 그렇담 생각해봐야겠네요."
남자는 결국 그냥 돌아갔고, 그 후로는 병원에 나타나지 않았다. 그런데 그로부터 몇 주가 지난 어느 날, 의사는 거리에서 우연히 남자를 만났다. 의사가 남자에게 물었다.

"왜 병원에 안 오세요?"
남자가 대답했다.
"제 증상을 공짜로 고쳤거든요!"
의사가 놀라며 물었다.
"아니 어디서 그렇게 빨리, 그것도 공짜로 고쳤다는 겁니까?"
그러자 남자가 이렇게 대답했다.

😊 "사실은 제가 교회 목사님한테 상담했더니, 목사님이 침대 다리를 잘라버리면 낫는다고 해서 그렇게 했더니 나은 겁니다!"

…지혜로운 마음을 그들에게 충만하게 하사 여러 가지 일을 하게 하시되 조각하는 일과, 세공하는 일과, 청색 자색 홍색 실과 가는 베 실로 수놓는 일과, 짜는 일과, 그 외에 여러 가지 일을 하게 하시고 정교한 일을 고안하게 하셨느니라. 〈출35:35〉

24. 두 명의 낚시꾼

바닷가 호텔에 묵게 된 목사님은 바다 구경도 할 겸 혼자 산책을 나갔다. 그는 바닷가에서 낚시질을 하고 있는 한 남자에게 다가가서 물었다.
"많이 잡았나요?"
그러자 그 남자가 대답했다.
"우라질! 오늘 오후 내내 낚시질을 했지만 단 한 마리밖에 잡지 못했어요!"
목사님은 그 남자를 지나쳐 저만치 앞에 있는 다른 낚시꾼에게 다가갔다. 목사님이 물었다.

"많이 잡았나요?"
그러자 그 남자가 대답했다.

．
．
．
．
．
．

😊 "할렐루야! 오늘 오후 내내 낚시질을 했는데, 지금 입질을 하고 있는 요놈에다 앞으로 두 마리를 더 잡으면 난 오늘 세 마리를 잡게 되는 겁니다."

> …시몬이 대답하여 이르되 선생님 우리들이 밤이 새도록 수고하였으되 잡은 것이 없지마는 말씀에 의지하여 내가 그물을 내리리이다 하고, 그렇게 하니 고기를 잡은 것이 심히 많아 그물이 찢어지는지라. 〈눅5:5~6〉

25. 하나님께서 보시면

성도 한 사람이 같은 교회에 다니는 동료 교인을 찾아와서 부탁을 했다.
"형제님, 제가 돈이 급히 필요해서 그러는데 5백만 원만 빌려주시면 안 될까요?"
동료 교인은 그 성도가 평소 신용이 좋지 않다는 소문을 들어서 익히 알고 있었지만, 면전에서 부탁을 거절하자니 무척 난처했다. 그래서 이렇게 말했다.
"빌려드리긴 하겠는데 이자는 9부로 하죠."
그러자 그 성도가 깜짝 놀라며 말했다.

"아니 9부라니요?… 같은 교우끼리 너무한 거 아닙니까? 하나님께서 위에서 보시면 뭐라고 하겠어요?"
그러자 동료 교인이 이렇게 대답했다.

😊 "그야, 하나님께서 위에서 보시면 9자가 6자로 보일테니 당연히 6부겠죠!"

…백성과 제사장이 같을 것이며 종과 상전이 같을 것이며 여종과 여주인이 같을 것이며 사는 자와 파는 자가 같을 것이며 빌려 주는 자와 빌리는 자가 같을 것이며 이자를 받는 자와 이자를 내는 자가 같을 것이라. 〈사24:2〉

26. 할머니들의 자랑

네 명의 할머니가 한자리에 모여 각자 자식 자랑을 했다. 먼저 첫 번째 할머니가 자랑했다.
"우리 아들은 신부님이라, 성당 사람들이 '아버님'이라고 부른다우."
그러자 두 번째 할머니가 자랑했다.
"우리 아들은 주교님이라, 사람들이 '주님'이라 부르는데…"
이번엔 세 번째 할머니가 자랑했다.
"그 정도 가지고 뭘 그래요. 우리 아들은 추기경이라 사람들이

'전하'라 부르는데…"
그러자 지금까지 잠자코 있던 네 번째 할머니가 말했다.

😊 "다들 대단하구먼. 그런디 말이우, 우리 손녀는 키 크고 날씬한데다 가슴 38, 허리 28, 히프 34 글래머인지라 보는 사람마다 뭐라는 줄 아슈?… '오 마이 갓!' 그런다우."

> …여호와께서 이와 같이 말씀하시되, 지혜로운 자는 그의 지혜를 자랑하지 말라. 용사는 그의 용맹을 자랑하지 말라. 부자는 그의 부함을 자랑하지 말라. 자랑하는 자는 이것으로 자랑할지니 곧 명철하여 나를 아는 것과 나 여호와는 사랑과 정의와 공의를 땅에 행하는 자인 줄 깨닫는 것이라. 〈렘9:23~24〉

27. 할머니의 흡연

어떤 벽지 마을에 파송된 젊은 목사님이 그곳 주민들을 상대로 선교활동을 시작했는데, 그가 무엇보다도 못마땅하게 생각한 것은 여자들의 흡연이었다.

어느 날 오후, 목사님이 허름한 오두막집 앞을 지나가자니, 할머니 한 분이 식후의 담배를 즐기고 계셨다. 그가 할머니께 다가가서 말했다.

"할머니, 때가 되서 천당에 들어갈 때 숨을 헐떡거리며 고약한 담배냄새를 풍겨서야 어디 통과시켜 주겠어요?"

그러자 할머니는 물고 있던 담배를 뻐끔거리면서 이렇게 대답했다.

😊 "이봐요 젊은이, 천당에 들어갈 땐 이승에서
　　숨을 거두고 가는 게야!"

…네가 네 자신과 가르침을 삼가 이 일을 계속하라. 이것을 행함으로 네 자신과 네게 듣는 자를 구원하리라. 〈딤전 4:16〉

28. 동물들의 풋볼 경기

대홍수 기간 동안 노아의 방주 안에서는 시간이 지루하게 흘렀다. 그래서 사자가 호랑이에게 팀을 만들어 풋볼 경기를 하자고 제안했다. 모든 동물들이 이에 찬성했고, 드디어 경기가 벌어졌다.

사자 팀이 킥오프를 하자마자 호랑이 팀의 원숭이가 중간에서 공을 낚아채 코뿔소에게 패스했다. 코뿔소는 먼지를 일으키며 중앙선을 넘어가 터치다운에 성공했다. 그 후 호랑이 팀은 공을 잡을 때마다 코뿔소에게 패스했고, 코뿔소는 마구 달려가 연속해서 터치다운에 성공했다. 결국 전반전이 끝났을 때, 호랑이 팀이 40:0으로 앞서갔다.

후반전…
이번에도 재빨리 공을 낚아챈 호랑이 팀의 원숭이가 코뿔소에게 패스했다. 그런데 코뿔소가 공을 들고 잽싸게 달려가려는 순간, 사자 팀의 지네가 수많은 다리로 코뿔소의 뒷다리를 휘어 감으며 태클을 시도했다. 그 바람에 코뿔소는 땅바닥에 나뒹굴며 공을 놓쳤다. 그러자 토끼가 냉큼 공을 잡아 달려가서 터치다운에 성공했다. 드디어 사자 팀도 첫 득점을 올리게 되어 구경하던 동물들이 '와아~'하고 함성을 질렀다. 사자는 너무 기분이 좋아서 지네에게 달려가 그를 와락 껴안으며 큰소리로 말했다.

"야, 멋진 태클이었어! 그런데 너 그렇게 잘하면서 전반전에는 어디서 뭘 하고 있었니?"

그러자 사자 품에 안긴 지네가 꼬물거리며 대답했다.

:
:
:
:
:

😊 "신발 끈 매고 있었지!"

> …너희는 눈을 높이 들어 누가 이 모든 것을 창조하였나 보라. 주께서는 수효대로 만상을 이끌어 내시고 각각 그 이름을 부르시나니, 그의 권세가 크고 그의 능력이 강하므로 하나도 빠짐이 없느니라. 〈사: 40:26〉

Gratitude

29. 겁 없는 토끼

열흘 굶은 호랑이가 있었다. 호랑이는 먹이를 찾아 헤매다가 드디어 토끼 한 마리를 발견하고 한발에 낚아챘다.
그런데 그 토끼는 하나님을 믿는 토끼였다. 하나님을 믿어 겁을 상실한 그 토끼가 대뜸 이렇게 말했다.
"이거 놔 임마!"
순간, 어안이 벙벙해진 호랑이는 얼떨결에 토끼를 놔주었다. 상상도 못할 말에 엄청난 충격을 받았던 것이다.
다음날 오후, 호랑이는 아직도 심한 충격에서 벗어나지 못한 채 방황하다가 다시 토끼를 발견하고는 역시 한발에 낚아챘다. 그러자 토끼 말했다.
"나야 임마, 나 못 알아보겠어?"
또다시 충격에 휩싸인 호랑이는 얼떨결에 토끼를 놔주었다. 그리고 차츰 자신의 어리석음을 깨닫고는 속으로 다짐했다.

"이번에 잡으면 한 입에 삼켜버리겠다."
다음날 오후, 호랑이는 또 토끼를 잡았다. 그런데 이번엔 그 토끼가 아니었다. 하지만 호랑이는 그만 그 토끼가 한 말에 쇼크를 받아 죽고 말았다.
그 토끼가 이렇게 말했던 것이다.

 "소문 다 났어 임마!"

> …여호와는 나의 목자시니 내게 부족함이 없으리로다. 내가 사망의 음침한 골짜기로 다닐지라도 해를 두려워하지 않을 것은 주께서 나와 함께 하심이라 주의 지팡이와 막대기가 나를 안위하시나이다. 〈시23:1,4〉

Christian Humor Touch
There will be a blessing to those who spread laughter!

chapter 5 믿음

믿는 자와 믿지 아니하는 자

이르되 믿고자 하는 자는 마른하늘 가운데서도 비의 씨를 볼 것이요, 믿지 아니하고자 하는 자는 먹구름 한 가운데에서도 비의 모태를 보지 못할 것인즉, 목마른 자는 우물가에서도 목이 마르리라.

01. 직통전화

어느 교회에서, 목사님은 설교 때마다 울리는 핸드폰 소리 때문에 늘 신경이 쓰였다. 그날도 열심히 설교를 하고 있는데, 또 누군가의 핸드폰이 '삐리리~ 삐리리~' 하고 울렸다. 한참을 그렇게 울리는데 도무지 받지를 않았다. 교인들이 웅성거리기 시작했고, 목사님도 열이 오르기 시작했다.

그런데 아뿔싸! 목사님은 뒤늦게 그 벨소리가 자신의 호주머니에서 울리고 있는 것임을 깨달았다. 당황한 목사님은 이 상황을 어떻게 극복할까 잠시 생각하다가, 얼른 호주머니에서 핸드폰을 꺼내 들고 말했다.

😊 "아, 하나님이세요? 제가 지금 설교중이거든요. 예배 끝나고 다시 전화 드리겠습니다."

…주의 인자하신 대로 주의 종에게 행하사, 주의 율례로 내게 가르치소서. 〈시: 119:124〉

02. 존재와 현상

어느 시골 교회에서 목사님이 기도하면서 하나님께 진지하게 물어보았다.

"하나님, 하나님은 진짜로 존재하시는 겁니까?"

그러자 하나님께서 대답하셨다.

"너는 지금 누구한테 질문을 하는 거냐?"

"하나님한테요!"

"그럼 내가 누구냐?"

"하나님이요!"

그러자 하나님께서 말씀하셨다.

︙

😊 "아이구, 너 내일 설교 준비는 다 했냐?"

> …그런즉 유대인의 나음이 무엇이며 할례의 유익이 무엇이냐, 범사에 많으니 우선은 그들이 하나님의 말씀을 맡았음이니라, 어떤 자들이 믿지 아니하였으면 어찌 하리요 그 믿지 아니함이 하나님의 미쁘심을 폐하겠느냐. 〈롬3:1~3〉

03. 어린아이의 지적

전 교인이 야외로 수련회를 떠나기로 한 날이었다. 목사님이 교회 마당에 교인들을 모아놓고 큰 소리로 기도했다.

"천지를 주관하시는 하나님 아버지, 오늘 저희 교인들이 야외로 수련회를 떠납니다. 바라옵기는 날씨가 흐렸사오나 하나님께서 굽어 살피시어 비가 내리지 않게 해주시옵소서. 그럴 줄 믿사옵고, 또한 가는 길 오는 길 주님이 지켜주실 것을 믿사옵니다. 아~멘!"

기도가 끝나자 교인들은 각 파트별로 나누어 버스에 오르기 위해 줄을 섰다. 유치부 아이들도 선생님의 안내에 따라 모두 우산을 유치부실에 놓아두고 버스를 타기위해 줄을 섰다. 그런데 도중에 한 아이가 목사님을 보고 큰 소리로 말했다.

"목사님! 근데 뭐 하러 그렇게 큰 우산을 들고 계세요?"

그러자 여러 교인들이 일시에 목사님을 주목했다. 목사님은 의아해서 아이에게 물었다.
"왜, 나는 우산 가져가면 안 되니?"
그러자 그 아이가 대답했다.

︙

😊 "목사님이 방금 기도하셨잖아요. 하나님께서 비를 내리지 않을 것을 믿는다고!…"

…믿음은 바라는 것들의 실상이요 보이지 않는 것들의 증거니, 선진들이 이로써 증거를 얻었느니라. 믿음으로 모든 세계가 하나님의 말씀으로 지어진 줄을 우리가 아나니 보이는 것은 나타난 것으로 말미암아 된 것이 아니니라. 〈히11:1~3〉

04. 믿음과 의심

한 남자가 산을 오르다 미끄러져 절벽에 위태롭게 매달리게 되었다. 아래로는 천 길 낭떠러지기 인데다, 잡고 있는 나무줄기 마저 곧 끊어질 태세였다. 다급해진 남자가 소리쳤다.
"사람 살려! 위에 아무도 없어요?"
그러자 위에서 거룩한 목소리가 들려왔다.
"걱정하지 말거라~"
"누구시죠?"
"나는 하나님이다~"
"하나님, 살려주세요!"
"알겠다. 그럼 잡고 있는 나무줄기를 놓거라~"
"네?…"
"나를 믿어라, 잡고 있는 나무줄기를 놓으면 살려주겠다."
그러자 그 남자가 위를 올려다보며 다시 소리쳤다.

 "거기 위에 다른 분 없어요?"

…믿음으로 저희가 홍해를 육지 같이 건넜으나, 애굽 사람들은 이것을 시험하다가 빠져 죽었으며. 〈히 11:29〉

05. 믿음 좋은 아가씨

어느 일요일 아침, 어떤 아가씨가 늦잠을 자는 바람에 교회에 갈 시간이 늦었다. 그녀는 허둥지둥 옷을 갈아입고 집을 나와 교회로 뛰어가면서 계속 중얼거렸다.
"하나님, 제발 늦지 않게 해주세요. 하나님, 제발 늦지 않게 해주세요…"
그런데 겨우 교회에 도착한 그녀는 계단을 뛰어 올라가다가 그만 넘어지고 말았다. 그러자 그녀는 하늘을 올려다보면서 이렇게 말했다.

 "아이참, 그렇다고 저를 미실 것 까지는 없잖아요!"

> …이 말이 미쁘도다 원컨대 네가 이 여러 것에 대하여 굳세게 말하라 이는 하나님을 믿는 자들로 하여금 조심하여 선한 일을 힘쓰게 하려 함이라 이것은 아름다우며 사람들에게 유익하니라. 〈딛 3:8〉

06. 동승자

어떤 남자가 자동차전용도로에서 유유히 휘파람을 불며 오토바이를 타고 가다가 교통경찰에게 잡혔다. 교통경찰이 말했다.
"아주 위험천만한 행위를 하셨습니다. 도로교통법 5조 2항에 의거 벌금 5만원입니다."
그러자 남자가 교통경찰에게 말했다.
"위험하긴 하지만 뒤에 하나님이 타고 계시기 때문에 난 괜찮습니다. 벌금은 사양하겠습니다."
그 말을 들은 교통경찰은 즉시 호주머니에서 스티커를 꺼내며 단호하게 말했다.
"그렇담, 벌금 10만원입니다. 면허증 제시하시죠!"
이에 남자는 펄쩍 뛰며 항의했다.
"아니, 방금 벌금 5만원이라 해놓고 갑자기 두 배로 뛰는 이유는 뭐요?"
그러자 교통경찰이 퉁명스럽게 대꾸했다.

😊 "1인승 오토바이에 2명이 탔잖소!"

> …예수께서 가라사대 너는 나를 본 고로 믿느냐? 보지 못하고 믿는 자들은 복되도다 하시니라. 〈요 20:29〉

07. 아내의 믿음

한 남자가 중환자실에서 의식을 되찾았다. 그는 자신의 머리와 다리에 붕대가 칭칭 감겨져 있는 것을 깨닫고 깜짝 놀랐다. 그가 옆에 있는 아내에게 물었다.
"여기가 어디야? 내가 왜 이렇게 됐지?"
아내가 대답했다.
"교회 사람들과 구역 예배를 보는 중에 당신이 갑자기 베란다로 가더니 여러 사람들 앞에서 예수님 이름으로 하늘을 날겠다고 했어요."
"그랬어? 그런데 왜 당신이 안 말렸어?"
그러자 아내가 대답했다.

 "난 당신이 날 줄 알았죠!"

> …예수께서 대답하여 이르시되 너희가 저녁에 하늘이 붉으면 날이 좋겠다 하고, 아침에 하늘이 붉고 흐리면 오늘은 날이 궂겠다 하나니 너희가 날씨는 분별할 줄 알면서 시대의 표적은 분별할 수 없느냐. 〈마16:2~3〉

08. 홍해의 기적

어느 신학대학교 캠퍼스에서 한 여학생이 벤치에 앉아 성경책을 읽다가 갑자기 '할렐루야!' 하고 소리쳤다. 마침 그 앞을 지나가던 남학생이 깜짝 놀라서 여학생에게 물었다.
"뭐 때문에 그렇게 소리를 지르는 겁니까?"
여학생은 아직 흥분이 가라앉지 않은 목소리로 대답했다.
"이것 좀 보세요, 하나님께서 이스라엘 백성들을 구하려고 홍해 바다를 갈랐다 잖아요!"
그러자 남학생은 대수롭지 않은 듯 여학생에게 말했다.
"그렇게 놀랄 것 까진 없어요. 이스라엘 백성이 건넌 바다는 사실은 물이 겨우 발목까지 밖에 차지 않는 얕은 곳이었으니까요. 홍해 red sea는 갈대바다 reed sea가 잘못 번역된 거라구요."
남학생의 말에 여학생은 곧 기가 죽어서 중얼거렸다.

"아, 그렇군요!"
남학생은 한 수 가르쳐 줬다는 만족감에 어깨를 으쓱하며 가던 길을 갔다.
그런데 잠시 후, 이번엔 여학생이 아까 보다 더 큰 소리로 '할렐루야!' 하고 소리쳤다.
길을 가던 남학생이 되돌아와서 여학생에게 물었다.
"이번엔 또 뭐죠?"
그러자 여학생은 다시 놀라움을 감추지 못하며 말했다.

😊 "이것 좀 보세요, 하나님께서 물이 겨우 발목까지 밖에 차지 않는 갈대바다에 애굽 군대들을 모조리 빠져죽게 만들었잖아요!"

> …믿음으로 그들은 홍해를 육지 같이 건넜으나 애굽 사람들은 이것을 시험하다가 빠져 죽었으며, 믿음으로 칠일 동안 여리고를 도니 성이 무너졌으며, 믿음으로 기생 라합은 정탐꾼을 평안히 영접하였으므로 순종하지 아니한 자와 함께 멸망하지 아니하였도다. 〈히11:29~31〉

Faith

09. 사탄의 작전

크리스천 전멸작전을 펴던 사탄 대장이 부하들로부터 보고를 받고 있었다. 한 부하가 앞으로 나서며 말했다.
"대장님, 저는 옥에 갇힌 예수쟁이들에게 사자를 보냈습니다. 그런데 그들은 사자의 이빨 앞에서도 평화롭게 기도를 했습니다."
"오, 그래? 못된 것들… 더욱 강력한 방법을 쓰도록 해라!"
다음은 다른 부하가 나서며 말했다.
"대장님, 저는 바다를 항해하는 예수쟁이들에게 폭풍우를 일으켰습니다. 그런데 그들은 암초위에 올라가 찬송가를 불렀습니다."

"사악한 무리들 같으니라구… 허리케인으로 싹 쓸어버리도록 해라!"

이번엔 또 다른 부하가 나서며 말했다.

"대장님, 저는 어떤 큰 교회를 찾아가 3년 동안 모든 일이 잘 되고 평안하도록 해주었습니다."

"뭐라고? 네가 지금 미쳤냐?"

사탄대장이 버럭 화를 내자, 그 부하가 말을 이었다.

- "그랬더니 저들의 영과 육이 완전히 썩어버렸나이다!"

> …고난당한 것이 내게 유익이라 이로 인하여 내가 주의 율례를 배우게 되었나이다. 〈시:119:71〉

10. 죽은 자의 죽은 믿음

자기 자신이 죽었다고 믿는 한 남자가 있었다. 그의 믿음은 철저했다. 그래서 가족들이 가게에 나가서 일이라도 좀 거들라고 하면 그는 서슴없이 이렇게 말하곤 했다.
"도무지 내 말을 믿지 않는군. 죽은 사람이 어떻게 가게 일을 거들 수 있단 말인가?"
가족들은 그가 살아있다는 사실을 설득하기 위해 온갖 수단과 방법을 다 동원해 봤지만 소용이 없었다. 그래서 할 수 없이 그를 정신과 의사에게 데리고 갔다. 설명을 들은 정신과 의사는 가족들에게 말했다.
"걱정 마십시오. 지금 당장 말끔히 고쳐놓겠습니다."
그러면서 의사는 자신이 죽었다고 믿는 남자에게 물었다.
"죽은 자는 피를 흘리지 않는다는 속담도 있는데, 당신은 죽은 사람이 피를 흘릴 수 있다고 생각하나요?"
그러자 남자가 대답했다.
"아뇨, 죽은 사람은 피를 흘릴 수가 없습니다."
"그렇죠? 그렇다면 어디 한 번 실험해 봅시다."

그러면서 의사는 칼을 갖고 와서 남자의 손등을 살짝 베었다. 그러자 금방 붉은 피가 솟구쳐 나왔다.

"이래도 당신이 죽었소?"

의사는 가족들 앞에서 한 순간에 상황을 바꿔놓았다는 만족감에 회심의 미소를 지었다. 그러나 남자는 정작 한바탕 웃음을 터뜨리더니 의사에게 말했다.

"이것 보세요, 이 피는 죽은 자는 피를 흘리지 않는다는 속담이 얼마나 잘못된 것인지를 증명하고 있는 거라구요!"

> …이 사람들은 다 믿음으로 말미암아 증거를 받았으나 약속된 것을 받지 못하였으니, 이는 하나님이 우리를 위하여 더 좋은 것을 예비하셨은즉 우리가 아니면 그들로 온전함을 이루지 못하게 하심이라. 〈히11:39~40〉

11. 성도 유형 22가지

옥토형
마음을 비우고 와서 말씀을 가득 채우는 성도

돌밭형
세상 것으로 꽉 차 있어 말씀이 못 들어가는 성도

길가형
세상 것이 반 정도 차 있어 말씀이 반만 들어가는 성도

조퇴형
예배를 마무리하는 축도 시간에 빠져 나가는 안타까운 성도

총동원형 ───────────────
온 가족을 이끌고 나오는 성도

나홀로형 ───────────────
부부 중 한쪽만 나오는 성도

나들이형 ───────────────
반바지와 티셔츠 차림으로 교회에 나오는 성도

고양이형 ───────────────
뒤늦게 와서 묵도 시간을 기다렸다가 살금살금 들어가 앉는 성도

산토끼형 ───────────────
뒤에 앉았지만 말씀을 잘 들으려고 귀를 쫑긋 세우는 성도

사이드맨형 ───────────────
늘 의자 가장자리에 앉아 통로를 막는 성도

뻔뻔당당형 ───────────────
늦게 나왔지만 늠름하게 앞에 가서 앉는 성도

과대포장형 ───────────────
언제나 패션모델처럼 화려하게 꾸미고 나오는 성도

출처관심형
'목사님의 오늘 설교는 어디서 인용했을까?' 하고 엉뚱한데 더 관심이 많은 성도

뚝배기형
 겉보기엔 그저 그런데, 예상 외로 신앙심이 깊은 성도

> …나무는 각각 그 열매로 아나니, 가시나무에서 무화과를, 또는 찔레에서 포도를 따지 못 하느니라. 〈눅 6:44〉

12. 테스트

어떤 사업가가 교회를 찾아와서 목사님에게 물었다.
"목사님, 제가 만약 교회에 천만 원을 헌금하면 하나님으로부터 구원을 받을 수 있을까요?
그러자 목사님이 즉각 대답했다.

:
:

😊 "아, 그거 한번 테스트해 봅시다!"

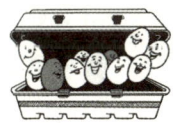

> …만군의 여호와가 이르노라. 너희의 온전한 십일조를 창고에 들여 나의 집에 양식이 있게 하고, 그것으로 나를 시험하여 내가 하늘 문을 열고 너희에게 복을 쌓을 곳이 없도록 붓지 아니하나 보라. 〈말3:10〉

13. 거짓말 테스트

목사님이 설교를 마무리하면서 성도들에게 말했다.
"다음 주에는 거짓말이라는 죄에 대해 설교를 하고자 합니다. 설교에 대한 이해를 돕기 위해 모두들 마가복음 17장을 읽어 오시기 바랍니다."
일주일 후…
목사님은 설교를 하기에 앞서 얼마나 많은 성도들이 마가복음 17장을 읽어 왔는지 알아보려고, 성도들에게 손을 들도록 했다. 그러자 전원이 손을 들었다. 목사님은 껄껄 웃으며 말했다.

😊 "마가복음은 16장까지 밖에 없습니다. 자, 이제 거짓말이라는 죄에 대해 설교를 하도록 하겠습니다!"

> …시험을 참는 자는 복이 있도다. 이것에 옳다 인정하심을 받은 후에 주께서 자기를 사랑하는 자들에게 약속하신 생명의 면류관을 얻을 것임이니라. 〈약 1:12〉

14. 강도와 아가씨

어떤 아가씨가 밤길을 가는데, 갑자기 복면을 한 강도가 튀어나와 칼을 들이대며 위협했다.

"돈을 내놓을 테냐 아니면 목숨을 내놓을 테냐? 둘 중 하나를 선택해라!"

기겁을 한 아가씨는 엉겁결에 손을 번쩍 들고 뒤로 한 발짝 물러났다. 그녀는 즉시 눈을 감고 속으로 주기도문을 외웠다. 그러자 조금 담력이 생겼다.

잠시 정적이 흐른 뒤…

아가씨가 아무런 반응이 없자 강도가 다시 한 번 위협했다.

"빨리 말해! 돈을 내놓을 테냐, 목숨을 내놓을 테냐?"

그러자 아가씨가 올렸던 손을 확 내리면서 소리를 꽥 질렀다.

😊 "재촉하지 말아요. 나도 지금 생각하는 중이라구요!"

> …그들은 믿음으로 나라들을 이기기도 하며 의를 행하기도 하며 약속을 받기도 하며 사자들의 입을 막기도 하며, 불의 세력을 멸하기도 하며 칼날을 피하기도 하며 연약한 가운데서 강하게 되기도 하며… 〈히11:33~34〉

15. 무서운 마누라

어느 날 밤, 한 남자가 집으로 돌아가던 도중에 강도를 만났다. 강도가 칼을 들이대며 말했다.
"난 강도다. 가진 돈 다 내놔!"
남자는 무서웠지만 하나님을 믿는 사람이었으므로, 하나님께서 지켜주실 것을 믿고 담대하게 말했다.
"뭐 돈?… 안 돼! 우리 마누라가 얼마나 무서운지 알아? 내가 집 근처에서 강도한테 돈을 빼앗겼다고 하면 우리 마누라가 나를 가만 놔둘 것 같아?"
강도는 어이가 없었지만 명색이 강도인지라, 그에게 더욱 위협적인 목소리로 다그쳤다.

"그래서 못 주겠다 이거야?"
그래도 남자는 위험을 무릅쓰고 단호하게 말했다.
"못 줘!"
그러자 강도는 남자의 옆구리에 칼을 더욱 바짝 들이대며 말했다.

:
:

☺ "야, 그럼 내가 오늘 돈 한 푼 못 빼앗았다면
우리 마누라는 나를 가만 놔둘 거 같아?"

> 집사들은 한 아내의 남편이 되어 자녀와 자기 집을 잘 다스리는 자일지니, 집사의 직분을 잘한 자들은 아름다운 지위와 그리스도 예수 안에 있는 믿음에 큰 담력을 얻느니라. 〈딤전3:12~13〉

16. 걸려 넘어지지 않는 할머니

어느 마을에 할아버지를 여의고 혼자 외롭게 살아가는 할머니 한 분이 계셨다. 할머니는 매일 두 차례씩 베란다에 나와 큰 소리로 주기도문을 외웠다.

그럴 때마다 옆집에 사는 할아버지가 창문을 열고 큰 소리로 말했다.

"이봐 할망구, 하나님은 없어!"

그러던 어느 날, 할머니가 돈이 떨어져 굶주리게 되었다. 그러자 할아버지가 먹을 것을 한 보따리 사다가 할머니 집 문 앞에 갖다놓았다.

다음날 아침, 할머니가 문 앞에 놓인 음식을 발견하고는 혼자 말했다.

"하나님, 먹을 것을 보내주셔서 정말로 감사합니다!"

그때, 할머니의 모습을 지켜본 할아버지가 창문을 열고 또 큰 소리로 말했다.
"이봐 할망구, 하나님은 없어. 그 음식은 내가 갖다 놓은 거야!"
그러자 할머니가 하늘을 향해 할아버지 보다 더 큰 소리로 기도했다.

　　　　　·
　　　　　·
　　　　　·
　　　　　·
　　　　　·

😊 **"하나님, 저 영감태기를 시켜 제게 음식을 주시니 참으로 감사합니다!"**

> …여호와께서 낮에는 구름을 펴사 덮개를 삼으시고 밤에는 불로 밝히셨으며, 그들이 구한즉 메추라기를 가져오시고 또 하늘의 양식으로 그들을 만족하게 하셨도다.
> 〈시105:39~40〉

17. 어린 딸의 의문

엄마가 다섯 살 난 어린 딸의 손을 잡고 공원에 산책을 나갔다. 그런데 길가에 비둘기 한 마리가 죽어 있었다. 어린 딸이 엄마에게 물었다.
"엄마, 새가 왜 저렇게 됐어?"
엄마는 딸의 마음을 다치지 않게 하기위해 이렇게 말했다.
"음, 새는 하늘나라 하나님께로 올라간 거란다."
그러자 어린 딸이 엄마에게 다시 물었다.

😊 "그런데 왜 하나님이 새를 다시 집어 던졌어?"

> …육으로 난 것은 육이요 영으로 난 것은 영이니, 내가 네게 거듭나야 하겠다 하는 말을 놀랍게 여기지 말라. 바람이 임의로 불매 네가 그 소리는 들어도 어디서 와서 어디로 가는지 알지 못하나니 성령으로 난 사람도 다 그러하니라. 〈요3:6~8〉

18. 황당한 질문

엄마가 어린 아들을 데리고 동물원에 구경을 갔다. 사자우리 앞에서 어린 아들이 엄마에게 물었다.
"엄마, 사자들도 천당 가?"
"사자들은 천당 못가."
"그림 목사님은 천당 가?"
"당연히 목사님은 천당 가지."
"그림 사자가 목사님을 잡아먹으면 사자는 천당 가 못 가?"

:
:

 "?#@%*&@!"

> …요나가 밤낮 사흘을 큰 물고기 뱃속에 있었던 것 같이 인자도 밤낮 사흘을 땅 속에 있으리라. 〈마 12:40〉

19. 다시 쓰는 출애굽기

교회에 다녀온 초등학생 아들에게 아빠가 물었다.
"오늘은 교회에서 뭘 배웠니?"
아들이 대답했다.
"모세가 에굽에서 이스라엘 민족을 탈출시키는 것에 대해 배웠어요. 모세는 건설업자들을 시켜서 급히 임시다리를 만들게 한 다음, 이스라엘 민족이 바다를 다 건너자 바추카포로 뒤쫓아 오는 에굽 탱크들을 모두 폭파시켜버렸어요."
아빠가 놀라서 물었다.
"교회 선생님이 그렇게 가르쳤다고?"
그러자 아들이 대답했다.

:
:

😊 "아뇨, 선생님이 가르치신 대로 말하면 아빠가 믿지 않을 것 같아서 제가 현대 버전으로 바꾼 거예요!"

…지혜 있는 자에게 교훈을 더하라. 그가 더욱 지혜로워질 것이요, 의로운 사람을 가르치라. 그의 학식이 더하리라. 여호와를 경외하는 것이 지혜의 근본이요, 거룩하신 자를 아는 것이 명철이니라. 〈잠9:9~10〉

20. 청년의 KO 패

모든 일을 삐딱하게 생각하는 불량청년이 있었다. 그는 어느 날, '나는 너희에게 이르노니 악한 자를 대적지 말라. 누구든지 네 오른 편 뺨을 치거든 왼쪽도 돌려대며…'라는 성경 구절을 읽고 예수 믿는 자들은 과연 다 그렇게 하는지 시험해보기로 했다. 그래서 그는 주일날 아침, 예배시간에 맞추어 집 근처의 교회로 갔다. 그리고 예배당에 들어서자마자 다짜고짜 장로님 한 분의 뺨을 후려갈겼다. 난데없이 뺨을 얻어맞은 장로님은 노발대발하며 불량청년의 멱살을 움켜잡고 호통을 쳤다.
"이런, 버르장머리 없는 놈 같으니라구! 어디서 배워먹은 짓거리야!"
그러자 불량청년은 장로님의 손을 확 뿌리치면서 말했다.

"예수님은 누구든 오른뺨을 치거든 왼뺨도 돌려대라고 했는데, 이래도 당신이 예수 믿는 자요?"
그러자 장로님이 불량청년의 머리를 콱 쥐어박으면서 말했다.

😊 "야 임마, 니가 내 왼쪽 뺨을 쳤지 오른쪽 뺨을 쳤냐?"

> …내 형제들아 너희가 여러 가지 시험을 당하거든 온전히 기쁘게 여기라, 이는 너희 믿음의 시련이 인내를 만들어 내는 줄 너희가 앎이라, 인내를 온전히 이루라 이는 너희로 온전하고 구비하여 조금도 부족함이 없게 하려 함이라. 〈약1:2~4〉

21. 무식론자 (無識論者)

열차 안에서 우연히 목사님과 돈 많은 부자가 같이 앉게 되었다. 통성명이 끝난 다음, 목사님이 조심스레 부자에게 물었다.
"선생께선 종교가 있으신가요?"
그러자 부자가 무뚝뚝하게 대답했다.
"난 무신론자올시다."
"그렇군요. 무신론자라도 성경을 읽어본 사람들은 많던데, 혹시 성경을 읽어본 적이 있나요?"
"아이구, 이 바쁜 세상에 내가 뭐 하러 그런 고리타분한 책을 읽습니까?"
"그럼, 벤허나 쿼바디스 같은 기독교 영화를 본 적은 있나요?"

"없습니다. 돈만 있으면 재미난 세상인데, 내가 뭐 하러 그런 따분한 걸 봐요."
그러자 무안해진 목사님이 부자에게 사과하듯 말했다.

· · · · · ·

😊 **"죄송합니다. 선생께선 무신론자라기보다 무식론자시군요!"**

> …우리는 하나님께 속하였으니 하나님을 아는 자는 우리의 말을 듣고, 하나님께 속하지 아니한 자는 우리의 말을 듣지 아니하나니, 진리의 영과 미혹의 영을 이로써 아느니라. 〈요일 4:6〉

22. 왕복표

하늘나라 행 고속열차 안에서 여승무원이 차표 검사를 하는데, 어떤 젊은이가 표를 찾지 못해 애를 태우고 있었다. 주머니를 다 뒤져도 표가 나오질 않자, 그 젊은이는 듣기 민망한 욕을 마구 섞어가며 투덜댔다. 여승무원이 천천히 찾아본 다음 차표가 나오면 그때 다시 불러 달라고 친절히 안내했지만, 그래도 그 젊은이는 여전히 투덜댔다. 그러자 옆에 앉아있던 노신사가 젊은이에게 조용히 타일렀다.
"이봐요 젊은이, 그렇게 함부로 욕설을 입에 담으면 지옥에 도착해서 돌아오지 못해요!"
그러자 젊은이가 노신사를 힐끗 돌아보며 퉁명스럽게 대꾸했다.

 "어디든 상관없어요. 난 왕복표를 끊었으니까!…"

…네가 언어에 조급한 사람을 보느냐? 그보다 미련한 자에게 오히려 바랄 것이 있느니라. 〈잠 29:20〉

23. 경계

어느 교회 목사님이 새 신자의 집을 방문하게 되었다. 그런데 그 집에 들어서자, 마당 귀퉁이에 사나운 불독 한 마리가 쭈그리고 앉아 있다가 낯선 사람을 보고 날카로운 이빨을 드러내며 으르렁거렸다. 목사님이 겁을 먹고 뒤로 물러서자, 주인인 새 신자가 말했다.

"목사님, 괜찮습니다. 저 개는 어릴 때 제가 우유를 먹여 키웠기 때문에 보기보다 온순합니다."

그러자 목사님은 여전히 겁먹은 투로 말했다.

😊 "허이구 성도님, 그런 말 마세요. 나도 어릴 땐 우유로 컸지만 지금은 고기를 먹는다구요!"

> …유사들은 오히려 또 백성에게 고하여 이르기를, 두려워서 마음에 겁내는 자가 있느냐? 그는 집으로 돌아갈지니 그 형제들의 마음도 그의 마음과 같이 떨어질까 하노라 하여. 〈신 20:8〉

24. 기적

해외여행을 마치고 돌아오는 한 관광객이 고급 양주를 몰래 가지고 들어오다 세관원에게 들켰다. 세관원이 관광객에게 물었다.
"병 속에 든 게 뭐죠?"
"에베소교회의 성수입니다"
세관원은 관광객을 그냥 통과시켜주려다 말고, 뭔가 미심쩍은 듯 병 속에 든 내용물을 조금 맛보더니 험악한 표정을 지으며 다그쳤다.
"성수라고요? 이건 술이잖아요!"
그러자 관광객이 깜짝 놀라며 소리쳤다.

☺ "맙소사! 예수님이 또 기적을 일으키셨나 봐요!"

> …여호와 나의 하나님이여, 주의 행하신 기적이 많고 우리를 향하신 주의 생각도 많도소이다. 내가 들어 말하고자 하나 주의 앞에 베풀 수도 없고, 그 수를 셀 수도 없나이다. 〈시 40:5〉

25. 천국을 아는 이유

주일예배를 인도하는 목사님이 설교 시간에 천국은 매우 좋은 곳이라고 자세히 설명했다.
예배가 끝난 후 한 젊은 성도가 목사님을 찾아와서 물었다.
"목사님, 목사님은 한 번도 천국에 가본 적이 없으시면서, 어떻게 천국이 그렇게 좋은 곳인지 알 수 있어요?"
그러자 목사님이 대답했다.
"그건 아주 쉽게 알 수 있어요."
"어떻게요?"

😊 "지금까지 천국에 갔다가 그곳이 싫다고 되돌아 온 사람이 아무도 없거든요!"

> …예수께서 이르시되 너는 나를 본 고로 믿느냐 보지 못하고 믿는 자들은 복되도다 하시니라. 〈요 20:29〉

26. 신령과 진정으로

어느 주일날 아침, 큰 교회에 사람들이 넘쳐나도록 모여들었나. 찬양단의 찬양이 끝나고 목사님이 막 설교를 시작하려는 순간, 트렌치코트 차림의 험상궂은 사내 둘이 교회 안으로 들어섰다.
거친 발걸음으로 들어온 그들 중 한 사내는 뒤쪽에 남고, 다른 한 사내는 가운데로 뚜벅뚜벅 걸어 나갔다. 그러더니 그는 갑자기 코트 안에 숨겼던 기관총을 꺼내 들고 소리쳤다.
"예수를 위해 총탄을 맞을 준비가 된 사람만 자리에 남고 모두 나가라!"
기겁을 한 신도들은 혼비백산하여 급히 교회를 빠져나갔고, 합창단원들과 부목사도 뒤따라 나갔다. 이제 남은 사람은 열 명

정도로 줄어들었으며, 담임 목사는 여전히 설교단을 지키고 있었다.

그러자 가운데로 나온 사내는 천천히 총을 거두면서 목사님에게 말했다.

😊 **"이제 위선자들은 모두 나갔소. 그러니 신령과 진정으로 예배를 시작하시오!"**

> …사자가 가라사대 그 아이에게 네 손을 대지 말라. 아무 일도 그에게 하지 말라. 네가 네 아들 네 독자라도 내게 아끼지 아니하였으니, 내가 이제야 네가 하나님을 경외하는 줄을 아노라. 〈창 22:12〉

27. 물위를 걸은 이유

어떤 교회 목사님이 교인들을 이끌고 성지순례에 나섰다. 그들이 갈릴리 바다에 도착해보니 바닷가에는 여러 척의 배가 있었고, 배 주인들은 아랍 사람들이었다.
목사님은 그 중 한 사람에게 뱃삯이 얼마냐고 물었다. 그러자 수염이 덥수룩한 그 아랍 사람은 한 사람당 50달러라고 대답했다. 그러자 목사님은 깜짝 놀라면서 말했다.

:
:

😊 "아이구, 그렇게 비싸요? 예수님이 왜 물위를 걸으셨는지 이제야 그 이유를 알겠군요!"

…밤 사경에 예수께서 바다위로 걸어서 제자들에게 오시니. 〈마 14:25〉

28. 박쥐 퇴치법

세 분의 목사님이 점심식사를 함께 하면서 이야기를 나누었다.
먼저 A교회 목사님이 하소연했다.
"우리 교회는 박쥐 녀석들 때문에 골치가 아파요. 위층에 올라가면 박쥐가 얼마나 많은지 살충제를 뿌리고, 고양이를 풀고, 별 짓을 다해도 그놈들은 안 나가요."
이번엔 B교회 목사님이 하소연했다.
"우리도 그래요. 교회 다락방에 박쥐가 득실거리는데, 아무리 연기를 피워도 꿈쩍 않더라구요."
그러자 C교회 목사님이 말했다.

"그래요? 우리 교회 다락방 박쥐들은 자진해서 쉽게 나가던데…"
"어떻게 했는데요?"
A교회 목사님과 B교회 목사님이 궁금해서 동시에 물었다.
그러자 C교회 목사님이 대답했다.

.
.
.
.

 "매일 올라가서 따분한 설교를 했지요!"

> …이는 그의 하나님이 그에게 적당한 방법으로 보이사 가르치셨음이며, 소회향은 도리깨로 떨지 아니하며 대회향에는 수레바퀴를 굴리지 아니하고 소회향은 작대기로 떨고 대회향은 막대기로 떨며. 〈사 28:26~27〉

29. 아름다운 교회

어떤 믿음 좋은 흑인 남자가 있었다. 그런데 그가 사는 동네에서 조금 떨어진 곳에는 아주 화려하고 시설이 좋은 백인 교회가 있었다. 주일이면 그 교회에는 잘 차려 입은 백인 신도들이 고급 승용차를 타고 와서 떠들썩하게 예배를 드리고 가곤했다. 그래서 그 흑인 남자의 소원은 단 한번 만이라도 그 아름다운 교회에 들어가서 예배를 드리고 싶은 것이었다. 하지만 그 교회는 백인들만의 교회였기 때문에 흑인은 들어갈 수가 없었다.
그래서 어느 날부터인가, 흑인 남자는 하루도 **빠짐없이** 하나님께 이렇게 기도했다.

"하나님, 단 한번 만이라도 좋으니 제가 저 아름답고 훌륭한 교회에 들어가서 예배를 볼 수 있게 해 주세요!"
그가 열심히 기도를 하자 며칠 후 드디어 하나님의 응답이 들려왔다. 하나님은 흑인 남자에게 이렇게 말씀하셨다.

"사랑하는 아들아, 나도 저 교회에는 한 번도 들어가 보지 못 했단다!"

…어떤 사람들이 성전을 가리켜 그 아름다운 돌과 헌물로 꾸민 것을 말하매 예수께서 이르시되, 너희 보는 이것들이 날이 이르면 돌 하나도 돌 위에 남지 않고 다 무너뜨려지리라. 〈눅21:5~6〉

30. 절대 안 되는 이유

어떤 목사님이 다른 도시에 갔다가 예전에 자기 교회에 가끔 출석했던 한 성도님을 만났다. 두 사람은 서로 악수를 하며 반가워했다. 목사님이 성도님에게 물었다.
"요즘 신앙생활은 어떠세요?"
성도님이 대답했다.
"지금 다니는 교회가 좋질 않아서 믿음이 잘 생기지 않고, 교회 다니기가 점점 싫어지는데 맘에 쏙 드는 교회가 있었으면 좋겠습니다. 그런 교회에 나가면 신앙생활을 좀 더 잘할 수 있을 것 같아요!"
그러자 목사님이 정색을 하며 말했다.
"아이구 성도님도, 세상에 그런 교회가 어디 있습니까? 그리고 만일 그런 교회가 있더라도 성도님은 절대 그 교회에 나가면 안 됩니다."

"아니 왜요?… 왜 제가 절대 그 교회에 나가면 안 되는 거죠?"

그러자 목사님이 대답했다.

:
:
:

😊 **"생각해 보세요. 그 교회만이라도 좋은 교회로 남아 있어야 할 거 아닙니까?"**

> …너희는 사도들과 선지자들의 터 위에 세우심을 입은 자라, 그리스도 예수께서 친히 모퉁잇돌이 되셨느니라, 그의 안에서 건물마다 서로 연결하여 주 안에서 성전이 되어 가고, 너희도 성령 안에서 하나님이 거하실 처소가 되기 위하여 그리스도 예수 안에서 함께 지어져 가느니라. 〈엡2:20~22〉

31. 이적 (移籍)

어떤 남자가 태평양 한가운데서 난파를 당해 표류하게 되었다. 그러다 그는 구사일생으로 살아남아 외로운 섬에 혼자 살게 되었다.
그 후 몇 년이 흐른 어느 날, 바다 저 멀리 배 한 척이 보였다. 그는 즉시 연기를 피워 구조를 요청했다. 다행히 연기를 발견한 배가 섬을 향해 다가왔다. 배에서 내린 선장이 여기저기를 둘러보고 나서 그에게 물었다.
"저기, 오두막이 세 채나 되는데 다른 사람도 있나요?"
그러자 무인도의 사나이가 대답했다.

"아뇨, 왼쪽에 있는 건 제가 사는 집이고, 그 옆에 있는 건 교회입니다."

선장은 흥미를 느끼기 시작했다.

"오, 그래요? 그럼 그 옆에 있는 것은요?"

"아, 그것도 교회니다."

"오, 그래요? 그런데 왜 교회가 두 채죠?"

😊 "제가 왼쪽 교회에 출석하다 오른쪽 교회로 옮겼거든요!"

> …내가 또 내 백성 이스라엘을 위하여 한 곳을 정하여 그들을 심고 그들이 그 곳에 거주하면서 다시는 옮겨가지 아니하게 하며 악한 사람들에게 전과 같이 그들을 해치지 못하게 하여, …그는 나를 위하여 집을 건축할 것이요 나는 그의 왕위를 영원히 견고하게 하리라. 〈대상 17:9,12〉

32. 무당의 궤변

무속신앙을 믿는 한 여자가 무당에게 달려와서 큰 소리로 말했다.
"큰일 났어요! 제 남편이 죽게 됐습니다."
무당이 여자에게 말했다.
"무슨 일이야? 침착하게 말해야지!"
"죽음의 사자가 제 남편을 데려가려 한다구요!"
그러자 무당은 즉시 뭐라고 주문을 외우면서 한바탕 굿을 했다. 그리고 나서 여자에게 말했다.
"내가 죽음의 사자로부터 칼을 빼앗았으니 이젠 걱정 뚝! 안심하고 집으로 가도 돼."
여자는 안도의 한숨을 내쉬며 자리에서 일어났다. 그러자 무당이 단호하게 말했다.
"복채!"

여자는 꼼짝없이 무당에게 복채 50만 원을 내고 집으로 돌아갔다.

그런데 채 한 시간도 되지 않아 다시 무당에게 달려와서 울부짖었다.

"제 남편이 기어이 죽었어요. 당신이 굿을 했는데도 효험이 없었다구요!"

그러자 무당이 자리에서 벌떡 일어나더니 소리쳤다.

:
:

😊 "천하에 못된 저승사자 같으니라구! 내가 칼을 빼앗았더니 맨손으로 죽이다니!"

…진언자나 신접자나 박수나 초혼자를 너희 가운데에 용납하지 말라, 이런 일을 행하는 모든 자를 여호와께서 가증히 여기시나니 이런 가증한 일로 말미암아 네 하나님 여호와께서 그들을 네 앞에서 쫓아내시느니라. 〈신 18:11~12〉

† 항상 기뻐하라, 쉬지 말고 기도하라, 범사에 감사하라. 이는 그리스도 예수 안에서 너희를 향하신 하나님의 뜻이니라. 성령을 소멸치 말며, 예언을 멸시치 말고, 범사에 헤아려 좋은 것을 취하고, 악은 모든 모양이라도 버리라. 평강의 하나님이 친히 너희로 온전히 거룩하게 하시고 또 너희 온 영과 혼과 몸이 우리 주 예수 그리스도 강림하실 때에 흠 없게 보전되기를 원하노라. 너희를 부르시는 이는 미쁘시니 그가 또한 이루시리라. 〈살전 5:16~24〉

† Rejoice always, pray continually, give thanks in all circumstances; for this is God's will for you in Christ Jesus. Do not quench the Spirit. Do not treat prophecies with contempt but test them all; hold on to what is good, reject every kind of evil. May God himself, the God of peace, sanctify you through and through. May your whole spirit, soul and body be kept blameless at the coming of our Lord Jesus Christ. The one who calls you is faithful, and he will do it. <1 Thessalonians 5:16~24>